档案文献·乙

董必武与抗战大后方
——思想资料辑录（下）

编委会名单

主　　　编：俞荣根

副　主　编：袁春兰　丁宇飞

编　　　委：俞荣根　袁春兰　张　渝　丁宇飞
　　　　　　张楠楠

主要编纂成员：（按姓氏笔画排列）

丁宇飞　王明辉　李　杰　刘岸兰
肖清彬　张林杰　张　渝　张恒静
张楠楠　张　燕　张　然　俞荣根
袁春兰　高晓丽　周奇仕　雷　佳
葛晓库　戴杰伟

重庆出版集团　重庆出版社

董必武抗战时期诗选

挽嘉义新四军通讯处涂罗十烈士遇害[1]

一九三九年八月十三日[2]

荐食惊蛇豕，

同肩国步难。

束枝犹惧折，

分派竟相残。

法立玄为妙，

冤沉碧不寒。

遥知嘉义镇，

鬼夜哭云端。

涂罗诸烈士，

秉性最忠贞。

在乡驱虎兕，

为国靖烟尘。

---

[1]本辑录编者注：该诗选自《董必武诗选》，人民文学出版社1977年版，第1—3页；又见于《新华日报》1939年8月13日第四版。《董必武诗选》编者原注："一九三九年六月十二日，国民党反动派兵突袭新四军设在湖南平江嘉义的留守通讯处，惨杀该处负责人涂正坤、罗梓铭等干部六人及家属四人，即震惊全国的平江惨案。"

[2]本辑录编者注：《董必武诗选》标明该诗的时间是"一九三九年八月"，《新华日报》刊载于1939年8月13日，或可推定为该诗的最初发表时间。

捐弃前嫌尽,
揭来故里频。
精诚资感召,
野老永相亲。

东邻凶狡甚,
蓄意灭中华。
黩武知难恃,
诱降计不差。
奸人生内哄,
烈士付流沙。
我辈宜深省,
毋资敌所夸。

泱泱古大国,
众志已成城。
势必驱倭虏,
人思返汉京。
鼠狐安敢阻,
刀剑各争鸣。
英灵如不昧,
鸭绿奠三觥。

无 题①

三十年代末四十年代初

屈子离骚雅与风，
志行芳洁古②辞宗。
二千年后华芬溢，
沾溉文坛异国同。

---

①本辑录编者注：该诗选自最高人民法院、中共中央文献研究室、董必武法学思想研究会编的《董必武诗稿手迹选》，中央文献出版社2006年版，第1页。

②最高人民法院、中共中央文献研究室、董必武法学思想研究会编的《董必武诗稿手迹选》第150页编者原注："古字旁有一'楚'字。"

读黄任之[①]题沈叔羊[②]画岁朝图用元韵[③]

三十年代末四十年代初

昔年行役过茅台，

[①] 本辑录编者注：任之，黄炎培字。黄炎培（1878—1965），号楚南，字任之，笔名抱一。江苏川沙县（今属上海市）人。黄炎培是中国近现代著名的爱国主义者和民主主义教育家，是中国近代职业教育的创始人和理论家。新中国成立后，黄炎培破"不为官吏"的立身准则，欣然从政。1949年9月出席中国人民政治协商会议。中华人民共和国成立后，历任中央人民政府委员、政务院副总理兼轻工业部部长、全国人大副委员长、全国政协副主席、中国民主建国会中央委员会主任委员等职。1945年黄在延安同毛泽东谈话时讲到著名的"历史周期率"：我生六十多年，耳闻的不说，所亲眼看到的，真所谓"其兴也勃焉"，"其亡也忽焉"，一人、一家、一团体、一地方，乃至一国，不少单位都没有能跳出这周期律的支配力。大凡初时聚精神，没有一事不用心，没有一人不卖力，也许那时难困苦，只有从万死中觅取一生，既而环境渐渐好转了，精神也就渐渐放下了。有的因为历时长久，自然地惰性发作，由少数演为多数，到风气养成；虽有大力，无法扭转，并且无法补救，也有为了区域一步步扩大了，它的扩大，有的出于自然发展，有的为功业欲所驱使，强求发展，到干部人才渐见竭蹶，艰于应付的时候，环境倒越加复杂起来了，控制力不免趋于薄弱了。一部历史，"政怠宦成"的也有，"人亡政息"的也有，"求荣取辱"的也有，总之没有能跳出这周期率。他说："中共诸君从过去到现在，我略略了解的了。就是希望找出一条新路，来跳出这周期率的支配。"

[②] 本辑录编者注：沈叔羊（1909—1986），沈钧儒之子。笔名HK。嘉兴人。擅长中国画、美术理论。中国民主同盟盟员，中国美术家协会会员，中央美术学院教授。早年肄业于天津南开中学。1930年毕业于上海美术专门学校西洋画系。1932年毕业于上海法学院。1935年东渡日本，在大阪商业大学学习。1937年归国，在父亲沈钧儒指导下，参加抗日救亡工作。曾随李公朴到山西临汾民族革命大学担任干事，还曾先后在军委会政治部第三厅、桂林行营政治部第三组以及重庆经济部工作。1941年后，任育才学校重庆分校教员。1943—1944年，在重庆多次举办画展。抗日战争胜利后，在上海法学院任教授兼调查部主任。1949年9月到北京，先后在出版总署美术科、贸易部国外贸易司任职，在中央美术学院中国画系任教。1954年6月，任中央美术学院教授。

[③] 本辑录编者注：该诗选自最高人民法院、中共中央文献研究室、董必武法学思想研究会编的《董必武诗稿手迹选》，中央文献出版社2006年版，第2页。

万众欢迎送酒来。
若用琼浆供洗脚，
得无孤负掌中杯？

唁孙寒冰先生[1][2]

一九四〇年五月末

我从文摘识先生,
世局迷离指点明。
一自噩音传播后,
只增悽恻减心情。

---

[1] 本辑录编者注:该诗选自董必武法学思想研究会编的《董必武诗选》,中央文献出版社2011年版,第7页。

[2] 董必武法学思想研究会编的《董必武诗选》第7页编者原注:"孙寒冰,一九〇二年生,江苏南汇(今上海市南汇区)人。早年赴美留学。回国后,先后任教于复旦大学、暨南大学。一九四〇年五月二十七日在日军轰炸重庆时罹难,时任复旦大学教务长。"

由渝返延至耀^①阻雨杂感（五首选三首）^②

一九四〇年夏

暑 雨

暑雨连宵滞耀州，
农夫心慰旅人忧。
桥倾路圮溪水涨，
车不能行客自留。

忆 内^③

君在巴渝我去延，
临歧犹自病恹恹。
别来匝月无消息，
能否加餐似病前？

---

① 董必武法学思想研究会编的《董必武诗选》第 9 页编者原注："耀，即耀州，在陕西西安与延安之间。"

② 本辑录编者注：该诗选自董必武法学思想研究会编的《董必武诗选》，中央文献出版社 2011 年，第 8 页。其中第一首诗《暑雨》又见于《董必武年谱》编纂组编的《董必武年谱》，中央文献出版社 2007 年版，第 155 页。

③ 董必武法学思想研究会编的《董必武诗选》第 9 页编者原注："忆内，董老的夫人何连芝同志（一九〇五——一九八〇），四川万源人。一九三三年初参加革命，年底加入中国共产党。曾任游击队长、区、县妇女部长等职。新中国成立后，任政务院政治法律委员会办公厅秘书，五届政协全国委员会委员。"

忆芝儿①

阿芝两岁余，
不解别离意，
偶尔呼爸爸，
不见暂相忆？

---

①董必武法学思想研究会编的《董必武诗选》第9页编者原注："芝儿，即芝生，董老长子良羽的乳名。"

耀州夜雨忽见月[1]

一九四〇年夏

明月无端照旅愁，
羁人欹枕思悠悠。
白云山[2]剩模糊影，
黄鹄矶[3]馀缥缈楼。
廿载襟怀谁共诉，
一生潦草自为谋。
此行若傍清凉[4]住。
临水登山恣意游。

---

[1]本辑录编者注：该诗选自董必武法学思想研究会编的《董必武诗选》，中央文献出版社2011年版，第10页。

[2]董必武法学思想研究会编的《董必武诗选》第10页编者原注："白云山，在广州。"

[3]董必武法学思想研究会编的《董必武诗选》第10页编者原注："黄鹄矶，在武昌。"

[4]董必武法学思想研究会编的《董必武诗选》第10页编者原注："清凉，指延安清凉山。"

次韵和朱总司令出太行①

一九四〇年夏秋

一

元戎策马太行头，
代②北燕南次第收。
箪食壶浆迎道左，
欢呼甘与子同仇。

二

空前国难已临头，
破碎河山正待收。
贯日长虹没石羽，
只知倭寇是吾仇。

三

为救危亡强出头，

---

①本辑录编者注：该诗选自董必武法学思想研究会编的《董必武诗选》，中央文献出版社2011年版，第11页。其中第一、四首又见于董必武著、启功等书《当代名家书董必武诗作品集》，中国文联出版公司1996年版，第12、13页。

②本辑录编者注：在《当代名家书董必武诗作品集》中，书法部分作"代"字，文字部分作"伐"字，《董必武年谱》编纂组编的《董必武年谱》第157页亦为"代"字。

将军能发亦能收。
何时驱寇鸦龙①外，
信有男儿复国仇。

四

几许城头复阵头，
将军出马寇氛收。
蜚声异国称神勇，
奸佞无端认作仇。

① 董必武法学思想研究会编的《董必武诗选》第12页编者原注：鸦龙，借指鸭绿江。

三台即景①

"九一八"九周年纪念日

丁丑②一月初至延安,时值频年内战后,民物凋敝。七七抗日军兴,因公赴汉,人事羁绊,即未回延。庚辰③八月,再到延安,则城中房屋,十九皆遭敌机轰毁,市民迁居城外,南北东西,日趋繁盛,盖人民经济上无复旧时负担,政治已得自由,故虽受日寇严重损害,仍有此欣欣向荣之象也。偶过"三台胜境"(石碑在延安城东北里许延水东杨家岭上),感赋长句。

三台胜境偶留鸿,
缭绕山川四望中。
处处秋初常集雨,
年年春后尚多风。
肆陈杂货殊方产,④
人住悬崖曲径通。
城郭旧容虽已毁,
黎民苏息乐和衷。

---

①本辑录编者注:该诗选自《董必武诗选》,人民文学出版社1977年版,第4—5页。朱德有诗《和董必武同志〈三台即景〉》曰:"初秋日暖看飞鸿,延水青山在眼中。赤足渡河防骤雨,科头失帽遇狂风。学生少有顽固派,教授多为中外通。城郭成墟人杰在,同趋新厦话离衷。"(选自朱德、董必武、林伯渠等《十老诗选》,中国青年出版社1979年版,第6页)

②作者原注:"一九三七年。"

③作者原注:"一九四〇年。"

④作者原注:"此句系一九六〇年改作。"

西安夜雨①

一九四〇年秋

凄风阵雨满城寒,
几度遄归路未干。
天不助吾翻作梗,
人虽努力奈无端。
关山迢递音书隔,
衾枕离披梦寐难。
喔喔晨鸡啼已乱,
一声声送晓星残。

---

① 本辑录编者注:该诗选自董必武法学思想研究会编的《董必武诗选》,中央文献出版社2011年版,第23页。

和朱总司令诗[①]

一九四〇年秋

鼓鼙声促寇音骄，
三月亡华调唱高。
百万大军遭抵抗，
恰如泥海陷狂鳌。

争霸全球是列强，
綦年战斗几存亡。
革命潮流暗滋长，
一朝爆发势堂堂。

苏联国策不相同，
独主和平免受戎。
帮助吾华最切实，
狮熊同起振雄风。

东邻入寇又三秋，

[①]本辑录编者注：该诗选自董必武法学思想研究会编的《董必武诗选》，中央文献出版社2011年版，第13页。

蚕食鲸吞历世仇。
炎胄共怀亡国惧，
息阋墙拱卫神州。

落日悠悠照斾旌，
风云激荡几时平？
四亿万人齐努力，
追随老将奠新京。

复松在南泉卖酒，信计到达时将为其四十三生日因为寄诗祝之①

一九四〇年秋冬

逢君四十一初度，
小诗祝贺在渝城。
卅二生日游南泉，
往祝不遇赋二篇。
今年卅三不相值，
君在西南我西北。
人生泛泛水中萍，
忽集忽散因风频。
兽号鸟迹半中国，
等是有家归未得。
昔人曾食故侯瓜②，
今见文君当垆立③。

---

①本辑录编者注：该诗选自董必武法学思想研究会编的《董必武诗选》，中央文献出版社2011年版，第24页。

②董必武法学思想研究会编的《董必武诗选》第24页编者原注："昔人句，故侯，指旧时曾封侯之人，《史记·萧相国世家》：'召平者，故秦东陵侯。秦破，为布衣，种瓜于长安城东，瓜美，故世俗谓之东陵瓜。'后以召平为故侯，称其瓜为故侯瓜。"

③董必武法学思想研究会编的《董必武诗选》第25页编者原注："今见句，文君即卓文君，西汉临邛人。丧夫后家居，与司马相如相爱，一同逃亡成都，不久又返临邛，自己当垆卖酒。"

繁华安燕都成尘,
苦尽甘来旧蜕新。
西京风日亦凄凉,
面对南山遥举觞。

别延安①

一九四〇年十月

来何濡滞去淹留，
小住延安十一周。
渐见繁荣和菜社②，
颇为幽雅问华沟③。
三三政现新民主，
七七权争大自由。
更有令人欣羡处，
半工半读总悠悠。

①本辑录编者注：该诗选自《董必武诗选》，人民文学出版社1977年版，第9页。林伯渠有诗《和董老别延安韵，即送其赴陪都》曰："延安回首又西安，此去渝京路几千。驿路幸存左氏柳，夏云尚拥剑门关。不因贝锦轻南国，好用批评重北山。参政也为吾辈事，肯将谠论让前贤？枫丹菊艳雁难留，往复春秋计已周。百战正须破贼垒，同袍未敢划鸿沟。谁从症结探国病，全仗坚贞获自由。障眼烟云消散未，凉山延水总悠悠。"（选自李石涵编的《怀安诗社诗选》，陕西人民出版社1980年版，第182页）

②作者原注："消费合作社食品部都卖和菜（份菜）。"
③作者原注："文化沟。"

过劳山寄延安诸同志

一九四〇年十月

浅黄深碧杂丛红,
映日秋山到眼中。
结辈南驰随去雁,
离人北望逐飞鸿。
亦知此别寻常事,
总觉难言隐曲衷。
今夜鄜州看明月,
得无清皎与延同?

---

① 本辑录编者注:该诗选自《董必武诗选》,人民文学出版社 1977 年版,第 10 页。

答徐老延安赠别①

一九四〇年十月

山居感秋意，

草木渐萧索。

独有松柏姿，

青青向寥廓。

干挺不畏风，

根深土嫌薄。

吸取无所限，

到老犹磅礴。

高逸孺②可钦，

清标邈③如鹤。

忧国心耿耿，

夙夜求民瘼。

人世将巨变，

吾华亦有作。

---

①本辑录编者注：该诗选自《董必武诗选》，人民文学出版社1977年版，第6—8页。《董必武诗选》编者原注："徐老是徐特立同志的尊称。"

②作者原注："孺，指徐孺子，后汉时高士。"

③作者原注："邈，指徐邈，三国时曹魏名人。"

力拒豕蛇侵，
欲去东邻恶。
阋墙不可再，
巢覆当共愕。
同心可断金，
首要重然诺。
延水流潺湲，
嘉岭足堪托。
政行三三制，
防守倚卫霍。
驱车从此别，
巴渝暂栖泊。
口舌倘可用，
相期保謇谔。

次徐老延安赠别韵[1]

一九四〇年十月

世局逢秋变，
人忙愿更赊。
读书依鼻盾，
觌面识牛蛇。
辩证持真解，
开蒙数一家[2]。
叮咛相厚意，
反复诵皇华。

列强争霸战，
吾国独非然。
挥戈求自立，
反手为相煎。
旧怨如委地，
合力可回天。

---

[1] 本辑录编者注：该诗选自董必武法学思想研究会编的《董必武诗选》，中央文献出版社 2011 年版，第 18—19 页。

[2] 董必武法学思想研究会编的《董必武诗选》第 19 页编者原注："开蒙句，君善教学法。"

慷慨渡河去，
祖生先著鞭。

若遇洪乔便，
将书寄子家。
莫忧顽作梗，
故遣吏来查。
行箧风尘积，
归途道路赊。
凄凉动乡思，
同是客天涯。

莫让渔人利，
胡为鹬蚌争。
阋墙终御侮，
歃血载盟牲。
信誓苍穹鉴，
萧条白发生。
不明余种种，
竟使筑长城。

国策虽云定，
无人作护持。
动摇因外力，
指点赖先知。
未雨筹应早，
临渊羡已迟。
风云多变幻，

所愿惜良时。

我愧为参政，
怀诚未达词。
立言何敢苟，
报国总嫌迟。
人世趋急变，
秋风感故知。
众芳摇落后，
松柏会因时。

戏作次韵林老①赠别②

一九四〇年十月

延安小住又西安，

世界离奇幻大千。

昨日尚晴今日雨，

平时无阻战时关。

繁华闹市成墟落，

□迤平原起肉山。

参政不能言政事③，

贪污腐化尽称贤。

---

①董必武法学思想研究会编的《董必武诗选》第22页编者原注："林老，指林伯渠同志。"

②本辑录编者注：该诗选自董必武法学思想研究会编的《董必武诗选》，中央文献出版社2011年版，第22页。

③董必武法学思想研究会编的《董必武诗选》第22页编者原注："参政句，作者旁批另句：神仙游戏开金穴。"

居长安得林老信再次赠别元韵①

一九四〇年十一月

帝都自古说长安,
气象恢闳有万千。
晨夕满空鸦噪阵,
边城到处虎当关。
北来短札光如电②,
东望中原气若山。
高屋建瓴秦地险,
不驱倭寇愧前贤。

---

①本辑录编者注:该诗选自董必武法学思想研究会编的《董必武诗选》,中央文献出版社2011年版,第30页;又见于董必武著、启功等书《当代名家书董必武诗作品集》,中国文联出版公司1996年版,第15页。

②本辑录编者注:在董必武著、启功等书《当代名家书董必武诗作品集》中此句为"北来短札音如玉"。

忆北山菊[1]

一九四〇年十一月

北山有佳菊,
经霜犹自华。
隐秀蕴幽芬,
淡逸影垂斜。
移植东篱下,
防冻护根芽。
置之温室中,
含苞绽金霞。
深山任自然,
不免风雪加。
花残枝虽傲,
所损毋乃奢。

---

[1]本辑录编者注:该诗选自董必武著、启功等书《当代名家书董必武诗作品集》,中国文联出版公司1996年版地,第16页。

返陪都长安旅次怀李愈友①兼寄觉生②弟③

一九四〇年十一月于西安

秋末风凄草木黄，

旅居窥镜鬓增霜。

卅年浪走空皮骨，

四海澜翻逐犬羊。

枕上闻鸡思起舞，

手中无剑叹徒忙。

关山烽火多方阻，

寄递音书托渺茫。

长安南望楚云遮，

救国无能早破家。

兄弟常离音问少，

---

①董必武法学思想研究会编的《董必武诗选》第28页编者原注："李愈友（一八七九——一九六七），湖北黄安（今红安）人。青少年时期与董老同学。后毕业于保定军官学校。曾参加武昌起义，因反对袁世凯称帝被关押过。新中国成立后任湖北省参事室参事。"

②董必武法学思想研究会编的《董必武诗选》第29页编者原注："觉生，名贤珏，湖北黄安（今红安）人，董老的弟弟。早年曾参加革命，后因家室拖累，返回家乡，任教于中学。一九四六年病故于武汉。"

③本辑录编者注：该诗选自董必武法学思想研究会编的《董必武诗选》，中央文献出版社2011年版，第28页。

友朋相隔道途赊。
危时桑梓须贤宰,
乱世儿童累阿爷。
我似断蓬随处转,
又从秦岭入三巴①。

---

①董必武法学思想研究会编的《董必武诗选》第29页编者原注:"三巴,古地名,指今四川。"

读林老咸榆道中即景两律与南行时途中所见宛合次韵和之①

一九四〇年十一月、十二月间

忆自延安别,
南来路不平。
洛河铁甲守,
金锁黯云横。
萁豆何相迫,
风波未可行。
昔人哀鹬蚌,
毋使后哀今。

眼底寻常景,
珠玑一吐新。
佳篇曜北斗,
庶政示南针。
建设依程进,
光华如日升。
边区今小试,
驱寇始承平。

---

① 本辑录编者注:该诗选自董必武法学思想研究会编的《董必武诗选》,中央文献出版社2011年版,第26页。

居西安两月略述所见兼呈林老[1]

一九四〇年十二月九日

自我来西安,
为期将二月[2]。
初拟赴陪都,
滥竽参政末。
忽闻会已毕,
遂补林老缺。
此地若咽喉,
前后方关节。
物资待转输,
来往人不绝。
顽固派注目,
寻仇无休歇。
日寇工诱降,
利用汪遗孽。
内外相呼应,
煽起反共热。

---

[1]本辑录编者注:该诗选自董必武法学思想研究会编的《董必武诗选》,中央文献出版社2011年版,第31页。

[2]董必武法学思想研究会编的《董必武诗选》第32页编者原注:"为期句,我十月十二日抵西安。"

奸徒劳作伪,

屈指嫌琐屑。

途中伺方便,

劫人货同越①。

扣我六卡车,

捕我人二八②。

吹毛以索瘢,

法律对我设。

不准寄书报,

音信早闭阒。

不许商贾售,

封锁綦严切③。

月饷暗停发,

杀人不见血。

交通横被阻,

纲纪何从说。

肆无忌惮行,

谁能忍此物。

鹬蚌互相争,

徒使渔人悦。

古训昭鉴戒,

偏欲蹈覆辙。

---

① 董必武法学思想研究会编的《董必武诗选》第32页编者原注:"劫人句,西安城内,我失踪二人,两辆脚踏车被夺。"

② 董必武法学思想研究会编的《董必武诗选》第32页编者原注:"捕我句,五人由新疆养病归来,行经长武被扣;七人由洛阳来,行经东泉店被扣;四人在西安被扣。"

③ 董必武法学思想研究会编的《董必武诗选》第32页编者原注:"封锁句,《新中华报》早收不到,生活书店书邮寄不通,商务印书馆书籍运送亦受阻碍,不许文具商、军装店、玻璃厂与我做生意,牙医治我方病者受威胁。"

言之甚痛心，

牙落和血咽！

大局几倾危，

千钧系一发。

幸有佳电①出，

凶焰稍稍折。

内乱因而免，

继续要团结。

敌倭陷泥淖，

吾华决不灭。

西北历史长，

复杂情形别。

矛盾和统一，

辩证理莹澈。

胜利操左券，

顿觉胸臆豁。

荏苒岁云暮，

寒风多凛冽。

展诵和靖诗②，

如同啮冰雪。

仰视浮云白，

天宇亦何阔。

---

① 董必武法学思想研究会编的《董必武诗选》第33页编者原注："佳电，系一九四〇年十一月九日朱德、彭德怀、项英、叶挺四人联名复何应钦、白崇禧的十月十九日电，所谓何白皓电也。何白皓电指责十八集团军和新四军不听命令，扩军移防，多方摩擦。语意严厉，为准备内战找借口。佳电力辩其诬并指出日寇策动中国投降，德国欲诱中国加入三国同盟，国内有人策动反共高潮，为投降肃清道路等等，劝何白警惕。义正词严，揭露阴谋。蒋帮发动内战的奸计因而中止。"

② 董必武法学思想研究会编的《董必武诗选》第33页编者原注："和靖诗，北宋诗人林逋，卒谥和靖先生。和靖诗借指林老诗。"

新年后赴陪都仍次林老赠别韵[1]

一九四一年一月中旬

这回真个别长安，
三月稽迟意万千。
好句常来自延水，
敝车终未出牢关[2]。
中原板荡天骄寇，
西蜀蜗居蛮触山。
半壁应难云信美，
新年灯火竞夸贤。

---

[1] 本辑录编者注：该诗选自董必武法学思想研究会编的《董必武诗选》，中央文献出版社2011年版，第34页。

[2] 董必武法学思想研究会编的《董必武诗选》第34页编者原注："牢关，即牢固关，为川陕交界陕境第一关。"

旧历庚辰除夕，集恩来同志一月十八日新华日报题字，得"江南一叶是奇冤"之句，因成辘轳体四绝句[①]

一九四一年一月二十六日

江南一叶[②]是奇冤，
遵令移师竟被吞。
吞后又加违令罪，
混淆黑白复何言。

百战丰功众口喧，
江南一叶是奇冤。
茂林血迹斑斑在，
泪洒西风白日昏。

秦桧主和诛武穆，
赵构偏安没齿辱。
江南一叶是奇冤，
只手掩尽天下目。

[①] 本辑录编者注：该诗选自董必武法学思想研究会编的《董必武诗选》，中央文献出版社2011年版，第35页。

[②] 董必武法学思想研究会编的《董必武诗选》第36页编者原注："江南一叶，指一九四一年一月震惊中外的皖南事变。一月十八日重庆《新华日报》发表了周恩来同志的题词：'千古奇冤，江南一叶。同室操戈，相煎何急。'"

将军抗日作屏藩，
赫赫功勋半壁存。
自坏长城千古叹，
江南一叶是奇冤。

挽邓母[1]杨振德女士[2]

一九四一年二月初

邓母真贤母，

潜修德业彰。

传家守清白，

择术习岐黄[3]。

屡治危疑症，

未施龟手方[4]。

艰难愿宏济，

有女嗣徽芳。

---

[1]董必武法学思想研究会编的《董必武诗选》第37页编者原注："邓母，邓颖超同志的母亲杨振德，一八七五年生，湖南长沙人，通医术，以行医及教书维持生计，全力支持邓颖超与周恩来从事革命活动，曾被捕入狱。一九四〇年十一月病逝于重庆红岩村。当时董老在西安，皖南事变后，一月中旬返回重庆，二月初才得以写挽诗。"

[2]本辑录编者注：该诗选自董必武法学思想研究会编的《董必武诗选》，中央文献出版社2011年版，第37页。

[3]董必武法学思想研究会编的《董必武诗选》第37页编者原注："岐黄，岐伯及黄帝相传为医家之祖，岐黄为中医学代称。"

[4]董必武法学思想研究会编的《董必武诗选》第37页编者原注："龟手方，《庄子·逍遥游》：宋人有善为不龟手之药者。龟手，手皲裂。"

倚　楼[1]

一九四一年四月二十一日

一声长笛倚楼吹，
似唱清歌赠可离[2]。
若有人兮呼欲出，
云如何矣咏而思。
烟浮翠岭云相合，
船下中流水不知。
风景未殊春渐晚，
河洲草长碍灵芝。

---

[1]本辑录编者注：该诗选自董必武法学思想研究会编的《董必武诗选》，中央文献出版社2011年版，第38页。

[2]董必武法学思想研究会编的《董必武诗选》第38页编者原注："可离，芍药别名。"

闻延安成立"怀安诗社",赋四绝句,兼呈吴徐谢林①诸老、朱总司令、叶参谋长②

一九四一年九月二十八日

韵事曾传九老图③,
东都无警亦无忧。
而今四海皆烽火,
酬唱怀安古意浮。

黄河西畔北山陬④,
抗日民权最自由。
地僻更加封锁紧,
不教佳话出延州。

---

①董必武法学思想研究会编的《董必武诗选》第40页编者原注:"吴徐谢林,指吴玉章、徐特立、谢觉哉、林伯渠四同志。"

②本辑录编者注:该诗选自董必武法学思想研究会编的《董必武诗选》,中央文献出版社2011年版,第39页;又见于李石涵编的《怀安诗社诗选》,陕西人民出版社1980年版,第4—5页。

③董必武法学思想研究会编的《董必武诗选》第40页编者原注:"九老图,唐诗人白居易于会昌五年在洛阳与胡杲、吉皎、刘真等举行九老尚齿会,因绘图书姓名、年龄,题为《九老图》。见《新唐书·白居易传》。"

④本辑录编者注:在李石涵编的《怀安诗社诗选》中此句为"黄河西岸北山陬"。

季子①徐君气谊投，
希深②君复③亦风流。④
指挥能事朱司令，
慷慨悲歌叶剑侯。

巴渝飘泊又经秋，
搜索枯肠试打油。
鼓吹休明吾岂敢，
讴歌御侮赋同仇。

---

①董必武法学思想研究会编的《董必武诗选》第40页编者原注："季子，吴季札，春秋时吴公子，以多闻著称。借指吴老。"

②董必武法学思想研究会编的《董必武诗选》第40页编者原注："希深，北宋诗人谢绛字。借指谢老。"

③董必武法学思想研究会编的《董必武诗选》第40页编者原注："君复，北宋诗人林逋字。借指林老。"

④本辑录编者注：在李石涵编的《怀安诗社诗选》中此句为"季子徐君气谊投，希深处仲亦风流"，且此处有作者原注为："季子：吴玉章。徐君：徐特立。希深：谢觉哉。处仲：林伯渠"。

贺冯焕章①将军六十寿②

一九四一年十一月十四日③

上将勋名日月高，
时危草野起英豪。
龙争虎斗风云会，
豕突狼奔海宇骚。
力赞中枢抗强寇；
性耽佳句弄柔毫。
吟诗寿世原馀事，
语妙并州快剪刀。④

---

①董必武法学思想研究会编的《董必武诗选》第42页编者原注："冯焕章，即冯玉祥，一八八二年生，安徽巢县（今巢湖市）人，字焕章。行伍出身，西北军领袖，中国国民党爱国将领。九一八事变后主张抗日，反对蒋介石的不抵抗政策和独裁统治。抗战爆发后遭蒋排斥，一九四六年出国考察水利。一九四八年初参加中国国民党革命委员会，同年七月底启程回国，准备参加新政协筹备工作，九月一日因轮船在黑海失火遇难。"

②本辑录编者注：该诗选自董必武法学思想研究会编的《董必武诗选》，中央文献出版社2011年版，第42页；在《新华日报》1941年11月14日第二版上发表时题为《寿冯焕章先生六十大庆》。

③本辑录编者注：该时间采用的是在《新华日报》上的发表时间。

④董必武法学思想研究会编的《董必武诗选》第42页编者原注："语妙句，古时并州产的剪刀以锋利著称。喻冯的言辞犀利，如并州剪刀。"

沫若先生五十大庆①

一九四一年十一月

曾游瀛海欲悬壶,
擘理分肌似扁卢。
每念贫愚征国病,
又从文艺表民吁。
雅言白话皆名世,
甲骨金钟自辟途。
著述之林君颇富,
百年刚半未为辜。

碧海鲸鲵未掣时,
兰苕翡翠戏相宜。
游仙踪迹峨眉外,
寄兴葡萄琥珀持。
烽火连天家国恨,

---

①本辑录编者注:该诗选自董必武法学思想研究会编的《董必武诗选》,中央文献出版社2011年版,第41页。沫若,郭沫若。原作发表在《新华日报》1941年11月16日第三版上。发表时第一句为"曾游瀛海欲悬壶,擘理兮肌似扇卢";第五句为"碧海鯨鯢未掣时,兰苕翡翠戏相宜";第六句为"游仙踪迹峨嵋外,弭节崦嵫宇水湄"。

虬松拔地栋梁姿。
他年驱逐倭奴后,
濯足扶桑共举卮。

邓择生①遇害十周年②

一九四一年十一月二十八日

邓氏多英杰，

如君更轶群。

仲华③能弼教，

士载④善治军。

革命师孙子，

成仁继伍员。

十年容易过，

白下⑤恼倭氛。

---

①董必武法学思想研究会编的《董必武诗选》第43页编者原注："邓择生，即邓演达，字择生，一八九五生，广东惠阳人。国民党左派领袖之一。一九二〇年参加孙中山组织的粤军，历任营长、团长；一九二六年任黄埔军校教育长；北伐期间任国民革命军总政治部主任等职。四一二反革命政变后，被蒋介石下令通缉，流亡苏、德等国。一九三〇年回国，一九三一年十一月被蒋介石秘密杀害于南京。"

②本辑录编者注：该诗选自董必武法学思想研究会编的《董必武诗选》，中央文献出版社2011年版，第43页。

③董必武法学思想研究会编的《董必武诗选》第43页编者原注："仲华，东汉名将邓禹，字仲华。"

④董必武法学思想研究会编的《董必武诗选》第44页编者原注："士载，三国时魏将邓艾，字士载。"

⑤董必武法学思想研究会编的《董必武诗选》第44页编者原注："白下，南京的别称。"

挽沈骊英女士[①]

一九四一年十二月二十一日[②]

国以民为本，

民以食为天。

况在战争时，

粮食更居先。

君身既学稼，

所从事独贤。

勤劬如老农，

跋涉于泥田。

男生尚不易，

妇女争华妍。

求真甘脱俗，

不复理花钿。

杂交育麦种，

实验费专研。

[①]本辑录编者注：该诗选自《董必武诗选》，人民文学出版社1977年版，第11—13页；又见于《新华日报》1941年12月21日第四版。《董必武诗选》编者原注："沈骊英，一八九七年生，浙江人，曾留学美国，学农学和植物学。抗战期间在四川研究小麦杂交育种颇有成绩。一九四一年病逝。"

[②]本辑录编者注：《董必武诗选》标明该诗的时间是"一九四一年十二月"，《新华日报》刊载于1941年12月21日，或可推定为该诗的最初发表时间。

中农二十八，①
成绩甚灿然。
能抗暴风雨，
能将锈病捐。
成熟期较早，
增产报连阡。
优点贵普遍，
选择多历年。
功深参造化，
艺精由力专。
农夫欣有岁，
战士饥可填。
此功诚不朽，
此业要薪传。
方冀期颐寿，
造福於人间。
胡为天不吊，
夺君何速焉！
积劳而致疾，
突发未能痊。
凶问播遐迩，
听之泣涕涟。
后稷教稼穑，
奕叶礼祀虔。
君灵应配享，
荐新岁岁鲜。

---

①作者原注："系沈女士培植的一种新麦种。"

林老以诗勉连芝次韵谢之①

一九四一年十二月二十二日

治理边区著政声，
折梅相赠见深情。
雁回已共乡心远，
鸥泛难将旅意名。
妻子托君无冻馁，
琴书伴我特坚贞。
春来玉体如休沐，
碧酒红茶次第倾。

---

①本辑录编者注：该诗选自董必武法学思想研究会编的《董必武诗选》，中央文献出版社2011年版，第45页。林老，林伯渠尊称。连芝，董必武夫人何连芝女士。

七律二首用柳亚子①先生怀人原韵②

一九四一年十二月二十四日灯下

日寇发动太平洋大战,袭击香港后十六日,于新华日报端,读柳亚子先生近作《怀人》一首,齿及贱名,敬步原韵,勉成二律奉答,兼怀旅港蒙难诸友。

南社③灵光厌世哗,
风流文彩绚奇花。
乱离避地居香岛,
清劲高标薄苦茶④。
屡发谠言因爱国,
不甘苛政遂移家。
九龙已陷牛羊窟,
共念先生惜岁华。

---

①董必武法学思想研究会编的《董必武诗选》第47页编者原注:"柳亚子(一八八七——一九五九),江苏吴江人。清末秀才,诗人。早年参加同盟会。曾任南社社长、孙中山总统秘书、国民党中央监委委员。四一二反革命政变后,遭蒋介石通缉,逃往日本。后回国参加抗日民主活动。抗战胜利后在香港继续从事民主革命活动。新中国成立后任中央人民政府委员。"

②本辑录编者注:该诗选自董必武法学思想研究会编的《董必武诗选》,中央文献出版社2011年版,第46页。原载《新华日报》1941年12月28日第四版。

③董必武法学思想研究会编的《董必武诗选》第47页编者原注:"南社,一九〇九年柳亚子、陈去病等人在苏州组织的进步文学团体。"

④董必武法学思想研究会编的《董必武诗选》第47页编者原注:"苦茶,周作人斋名苦茶斋。"

群儿相贵斗欢哗,
敢斥幽人三朵花①。
旧事重提如嚼蜡,
新诗细读似尝茶。
清芬淡远饶滋味,
坦直忠诚报国家。
与港偕亡诸俊彦,
难偿损失是吾华。

---

①董必武法学思想研究会编的《董必武诗选》第47页编者原注:"三朵花,三朵花乃宋时西蜀异人,能诗善画有仙境。见《东坡诗集》卷十二。"

附：柳亚子原诗

寄怀润之先生兼呈伯渠、玉章、必武、特立、曙时诸老[①]
一九四一年十一月十三日清晨

弓剑桥陵寂不哗，
万年枝上挺奇花。
云天倘许同忧国，
粤海难忘共饮茶。[②]
杜断房谋劳午夜，
江毫丘锦各名家。[③]
商山诸老欣能健，
头白相期奠夏华。

[①] 本辑录编者注：该诗选自《新华日报》1941年12月24日第二版。
[②]《新华日报》1941年12月24日第二版作者原注："一九二六年五月始识先生于粤京。"
[③]《新华日报》1941年12月24日第二版作者原注："先生与玉阶总司令并能为旧体诗,见马尼拉建国报。"

赠左昂医生[1]

约一九四一年

不为良相便良医，
海内知名有左师。
脉感四难因疗贵，
肱经三折始称奇。
戏禽合便身如鹿，
妙药能令手不龟。
秘在囊中多异术，
活人活国信皆宜。

---

[1] 本辑录编者注：该诗选自董必武法学思想研究会编的《董必武诗选》，中央文献出版社2011年版，第50页。

元旦口占用柳亚子怀人韵[1]

一九四二年一月九日[2]

共庆新年笑语哗,
红岩土女赠梅花。
举杯互敬屠苏酒,
散席分尝胜利茶。
只有精忠能报国,
更无乐土可为家。
陪都歌舞迎佳节,
遥祝延安景物华。

---

[1]本辑录编者注:该诗选自《董必武诗选》,人民文学出版社1977年版,第15页。原载《新华日报》1942年1月9日第二版,题为《董必武同志元旦口占(用柳亚子怀人韵)》。

[2]本辑录编者注:这里的时间采用的是在《新华日报》的发表时间。

梓年①同志五十大庆②

一九四二年一月十八日③

与报同期祝诞辰④,

如君党性实堪钦。

曾经磨炼四年劫,

未变坚贞一片心。

学习可能无大过,

知非常自惜分阴。

岁寒惟有梅花发,

折得疏枝伴酒斟。

---

①董必武法学思想研究会编的《董必武诗选》第52页编者原注:"梓年,潘梓年(一八九三——一九七二),江苏宜兴人。一九二七年加入中国共产党。在党领导的进步组织上海文委和互济总会工作。一九三三年在上海被捕,在狱中坚贞不屈。一九三八年《新华日报》出版,他任社长近十年。解放后,任中南军政委员会教育部部长、中国科学院哲学社会科学部副主任兼哲学研究所所长。"

②本辑录编者注:该诗选自董必武法学思想研究会编的《董必武诗选》,中央文献出版社2011年版,第52页。原载《新华日报》1942年1月18日第四版。

③本辑录编者注:董必武法学思想研究会编的《董必武诗选》标明该诗的时间是"一九四二年一月",《新华日报》刊载于1942年1月18日,或可推定为该诗的最初发表时间。

④董必武法学思想研究会编的《董必武诗选》第53页编者原注:"与报句,报指重庆《新华日报》,潘时任该报社长。《新华日报》一九三八年一月创刊于汉口。潘诞辰亦在一月份,故云'同期'。"

再呈亚子先生仍步元韵[①]

一九四二年二月上旬

读罢瑶篇众已哗,
此才不愧国之花。
老来更细论诗律,
晨起将吟忆粤茶。
世事纷纭蚕作茧,
襟怀浩荡海为家。
太平洋上逢倭劫,
恐犯金刚损法华。

桥陵[②]蓊蔚静无哗,
翠柏苍松杂野花。
南社流风传北国[③],
寒窑拨火煮清茶。

[①]本辑录编者注:该诗选自董必武法学思想研究会编的《董必武诗选》,中央文献出版社2011年版,第54页。

[②]董必武法学思想研究会编的《董必武诗选》第54页编者原注:"桥陵,在陕西省黄陵县桥山。相传为轩辕黄帝的衣冠冢。"

[③]董必武法学思想研究会编的《董必武诗选》第54页编者原注:"南社句,延安近成立怀安诗社。"

半徼天幸多开土，
全恃人工自起家。
顽钝如常能执戟，
愿听驱策卫中华。

除夕有怀觉生弟及溥之①怡如②愈友诸友③
一九四二年二月十四日

渝城除夕听残更，
胸次无端百感萦。
风雨对床如隔世④，
江楼把酒若平生⑤。
潘尼⑥勤学曾笃疾⑦，

---

①董必武法学思想研究会编的《董必武诗选》第55页编者原注："溥之，即袁溥之（一九〇四——一九九四），女，湖北光化人。二十年代在湖北女师读书时受教于董老。一九二五年加入中国共产党。新中国成立后历任煤炭部副司长、广东省高教局副局长。陈郁夫人。"

②董必武法学思想研究会编的《董必武诗选》第55页编者原注："怡如，潘怡如（一八八〇——一九四三），名康时，湖北黄安（今红安）人，中共党员。董必武同志的挚友。早年参加辛亥革命，后又参加了北伐。抗战中对地方游击队帮助很多。"

③本辑录编者注：该诗选自董必武法学思想研究会编的《董必武诗选》，中央文献出版社2011年版，第55页。

④董必武法学思想研究会编的《董必武诗选》第56页编者原注："风雨句，觉生弟在中学校上课时同居鄂寓，尔后即聚散如萍矣。"

⑤董必武法学思想研究会编的《董必武诗选》第56页编者原注："江楼句，民十五新年在广州与溥之等饮酒长堤酒楼，我大醉。溥之曾有句云：'新岁羊城扶醉影'，即指此也。"

⑥董必武法学思想研究会编的《董必武诗选》第56页编者原注："潘尼，西晋人，有文名，官至中书令，太常卿。诗中借指潘怡如。"

⑦董必武法学思想研究会编的《董必武诗选》第56页编者原注："潘尼句，怡如兄兼资文武，老犹勤学，惜以病废。"

李广①雄才未将兵②。
弟友殊方容忆我,
举杯各指蜀天倾。

---

①董必武法学思想研究会编的《董必武诗选》第56页编者原注:"李广,西汉名将。诗中借指李愈友。"
②董必武法学思想研究会编的《董必武诗选》第56页编者原注:"李广句,愈友兄保定军校毕业民五后即未带兵。"

挽赵畹华[①]女士[②]

一九四二年二月十四日

别绪萦怀十一年，

汉皋[③]重会倍欣然。

屡经忧患身犹健，

甘作流亡病莫痊。

鄂渚何时看化鹤[④]，

蜀中从此益啼鹃。

无情黄土深埋玉，

日夜魂依墟里烟。

[①]董必武法学思想研究会编的《董必武诗选》第57页编者原注："赵畹华，民国三十一年二月十二日病逝于重庆国府路一七四号楼上。赵畹华早年参加过第一次国内革命战争。抗战时期在八路军驻渝办事处工作。"

[②]本文选编者注：该诗选自董必武法学思想研究会编的《董必武诗选》，中央文献出版社2011年版，第57页。

[③]董必武法学思想研究会编的《董必武诗选》第57页编者原注："汉皋，旧时汉口的别称。"

[④]董必武法学思想研究会编的《董必武诗选》第57页编者原注："化鹤，辽东人丁令威，学道成仙。千年后化鹤归辽。事见《搜神后记》卷一。后人因以化鹤比喻死亡。"

赠孙师毅①君②

一九四二年三月二十日

避乱栖迟字水滨③,
孙郎英俊出群伦。
舞台导演惊雷雨,
抗日高歌泣鬼神。
香岛已传人脱险,
沪江惟冀讯来频;
一杯在手开颜笑,
且乐渝城曲米春。

---

①董必武法学思想研究会编的《董必武诗选》第60页编者原注:"孙师毅,(一九〇四——一九六六)原籍杭州,出生于南昌。三十年代左翼电影编剧、导演和歌词作者。"

②本辑录编者注:该诗选自董必武法学思想研究会编的《董必武诗选》,中央文献出版社2011年版,第60页。

③董必武法学思想研究会编的《董必武诗选》第60页编者原注:"字水,即字江。巴江之异名,其形似巴字,故名。按指今四川嘉陵江。见《三巴记》。"

《屈原》唱和[①]

一九四二年四月十二日

观金山[②]、白杨[③]、瑞芳[④]诸君演沫若所编屈原剧,赋二绝用任老[⑤]韵。

诗人独自有千秋,
嫉恶平生恍若仇。
邪正分明具形象,
如山观者判薰莸。

[①]本辑录编者注:该诗选自董必武法学思想研究会编的《董必武诗选》,中央文献出版社2011年版,第61页。原载《新华日报》1942年4月13日第三版,发表时题为《〈屈原〉唱和——董必武同志和诗(有序)》,且第一句为"诗人独自有千秋,疾恶平生恍若仇"。《董必武诗选》中,该诗标题为《七绝二首用任老韵》。这里用《新华日报》原标题,以与下文《〈屈原〉唱和又一首》、《金山演〈屈原〉,众口称誉,再叠前韵纪之》相呼应。

[②]董必武法学思想研究会编的《董必武诗选》第61页编者原注:"金山(一九一一——一九八二),湖南沅陵人。一九三二年加入中国共产党,著名电影导演、演员和剧作家。曾任中央戏剧学院院长、电视剧艺术委员会主任、全国政协委员。"

[③]董必武法学思想研究会编的《董必武诗选》第62页编者原注:"白杨(一九二〇——一九九六),湖南湘阴人,生于北京。原名杨成芳。新中国成立后加入中国共产党。著名话剧、电影演员。"

[④]董必武法学思想研究会编的《董必武诗选》第62页编者原注:"瑞芳,张瑞芳,一九一八年生,北京人,生于河北保定。一九三七年加入中华民族解放先锋队。一九三八年加入中国共产党。著名话剧、电影演员。"

[⑤]董必武法学思想研究会编的《董必武诗选》第61页编者原注:"任老,黄炎培,字任之。任老是对黄的尊称。"

婵娟窈窕一知音,
不负先生泽畔吟。
毕竟斯人难创造,
台前笔下共关心。

《屈原》唱和又一首①
一九四二年四月二十一日

十三日②,再观《屈原》演出,叠前韵二绝,呈沫若。候虫时鸟自鸣自已,未敢云宫应也。③

代序天时春与秋,
鸱鸮总把凤鸾仇。
上官谮④罢三闾黜,
遗臭千年有一莸。

激扬熛⑤怒震雷音,

---

①本辑录编者注:该诗选自《董必武诗稿》,文物出版社1979年版,第1页。原载于《新华日报》1942年4月21日第三版,题为《〈屈原〉唱和——董必武同志再叠前韵(有序)》。《新华日报》在1942年4月22日第三版登出"重要更正",对书中几处排印错误作了更正,在此按照《董必武诗稿》编录,诗序按《新华日报》更正后的文字编录。

②本辑录编者注:指1942年4月13日。

③本辑录编者注:《新华日报》1942年4月22日第三版"重要更正"中说:"序言'中候虫时鸟自鸣,自己未敢云宫应也'一句,应为'候虫时鸟自鸣自已,未敢云宫应也'。"

④本辑录编者注:《新华日报》1942年4月22日第三版"重要更正"中说:"'潜'系'谮'字之误。"

⑤本辑录编者注:《新华日报》1942年4月22日第三版"重要更正"中说:"'烟'系'熛'字之误。"

毁灭声声独自吟。
突①破阴霾生命火,
一篇电颂楚臣心。

---

① 本辑录编者注:《新华日报》1942年4月21日第三版刊载该诗时作"冲",《董必武诗稿》第1页作"突"。

金山演屈原，众口称誉，再叠前韵纪之①

一九四二年四月二十一日

伤心人语楚春秋，
独醒翻遭众醉仇。
湘水潺潺流日夜，
何时洗尽世间莸？

优孟衣冠鸣古音，
俨然屈子独行吟。
一声绝叫狂惊坐，
共凛人亡国瘁心。

---

① 本辑录编者注：该诗选自董必武法学思想研究会编的《董必武诗选》，中央文献出版社2011年版，第64页。

挽王凌波[1]同志[2]

一九四二年四月二十五日

奇才竟抑塞，

天壤哭王郎。

山重牛回首，

猿哀客断肠。

日坚磨不磷，

虽肆古之狂。

一片清凉土，

因埋骨更香。

---

[1]王凌波(1888—1942)，化名黄德宜。湖南宁乡人。1925年秋经何叔衡介绍加入中国共产党，同何叔衡、姜梦周、谢觉哉被称为革命的"宁乡四髯"。1935年2月上海中央局机关遭到破坏被捕，受尽威胁利诱，严守机密，坚定不移，被判刑七年押于苏州陆军监狱。1937年抗日战争爆发后被党营救出狱，赴延安在中共中央秘书处工作。10月同徐特立到长沙，任八路军驻湘通讯处主任兼新四军驻湘办事处主任，参与领导开展湖南抗日民主运动和统战工作。1939年6月以八路军总部秘书名义在邵阳协助徐特立继续坚持斗争。1940年12月返回延安，任延安行政学院副院长，主持校务工作，为培养抗日革命领导人才尽心尽职，埋头苦干。1942年9月3日晨，在察看学生伙食时突然患脑溢血逝世。

[2]本辑录编者注：该诗选自最高人民法院、中共中央文献研究室、董必武法学思想研究会编的《董必武诗稿手迹选》，中央文献出版社2006年版，第9页。

得谢公①和林老自寿诗，敬步元玉贺林老寿兼简谢公②

一九四二年五月

东山霖雨慰苍生，
南极仙翁庆寿辰。
愧我尚无卮酒献，
得诗如见景星临。
能销几量游山屐，
不改当初处士心。
璧合珠联相并美，
迭为宾主在林垌。

---

①董必武法学思想研究会编的《董必武诗选》第67页编者原注："谢公，对谢觉哉同志的尊称。"
②本辑录编者注：该诗选自董必武法学思想研究会编的《董必武诗选》，中央文献出版社2011年版，第67页。

次韵林老病中自寿[①]

一九四二年夏

闻公生日百花生，
喜见郊原浩荡春。
万紫千红归造化，
五风十雨快人心。
身经劳碌偏多病，
境被包围未息氛。
巴蜀举杯遥祝嘏，
好从危难脱灾星。

[①] 本辑录编者注：该诗选自董必武法学思想研究会编的《董必武诗选》，中央文献出版社2011年版，第66页。董必武法学思想研究会编的《董必武诗选》第66页编者原注："作者自批，原唱五韵五部，照鲁迅说的押相近的韵是可以的，虽不合律，不妨自我作古也。"

口占和叶参谋长韵①

一九四二年七月二日晨②

失马亡忧似塞翁，

喜见东方日吐红。

咬得菜根无别异，

看将桃叶与君同③。

四年生产食先足，

一瞥延安乐已融。

归计不成歪莫整，

披襟权受大王风。

---

①本辑录编者注：该诗选自《董必武诗选》，人民文学出版社 1977 年版，第 16 页。董必武法学思想研究会编的《董必武诗选》，中央文献出版社 2011 年版，第 146 页亦收录此诗。

②本辑录编者注：董必武法学思想研究会编的《董必武诗选》标示该诗的写作时间为 1944 年 7 月 2 日晨，此从人民文学出版社《董必武诗选》。据"中国共产党新闻网"2007 年 10 月 12 日《史海回眸：叶剑英与怀安诗社诸老》一文，1942 年春天是叶剑英从重庆返回延安的第二个春天，他怀念在重庆的战友，怀念董必武，于是写下了《怀董老》。7 月 2 日，董必武作《口占和叶参谋长韵》。因此，该诗写作时间应在 1942 年 7 月 2 日晨。

③作者原注："君居近桃林，重庆红岩亦有桃千株也。"

附:叶剑英

怀董老

飘然时危不老翁,
卅年坚持旌旗红。
笃胜力行依真理,
不移不屈不苟同。
日常生活称老好,
原则从未许通融。
春风骀荡怀人远,
安得归来共整风。

挽左权①同志②

一九四二年七月七日

左君真卓荦，

弱冠已从戎。

大略现孙子，

精微究客翁③。

长征尝险阻，

抗日显英雄。

讵忆偏城厄，

横尸马革中。

---

①董必武法学思想研究会编的《董必武诗选》第68页编者原注："左权，一九〇六年生，湖南醴陵人。一九二五年加入中国共产党。黄埔军校第一期毕业，曾在苏联陆军大学学习。历任中国工农红军第十五军政治委员和军长，第一军团参谋长和代军团长。抗日战争爆发后，任八路军副参谋长。一九四二年六月二日在山西辽县（今左权县）指挥部队与日本侵略军作战时牺牲。"

②本辑录编者注：该诗选自董必武法学思想研究会编的《董必武诗选》，中央文献出版社2011年版，第68页。

③董必武法学思想研究会编的《董必武诗选》第68页编者原注："客翁，据手稿字迹看，'翁'前一字似'客'，又似'容'。存疑。"

林老寄怀红岩诸友,最关心者仅及童钱,作长句戏之①
一九四二年七月二十四日夜十二时

久别红岩故事疏,

童鹏②问后仅钱镠③。

岂知袁盎④(袁超俊)增烦恼,

更有陈平⑤(两真陈一假陈都是单身)少匹俦。

河朔音书今阻绝,(龚澎望讯)⑥

海南消息已沉浮。(小叶无家)⑦

---

①本辑录编者注:该诗选自董必武法学思想研究会编的《董必武诗选》,中央文献出版社 2011 年版,第 69 页。

②董必武法学思想研究会编的《董必武诗选》第 70 页编者原注:"童鹏,指童小鹏。"

③董必武法学思想研究会编的《董必武诗选》第 70 页编者原注:"钱镠,指钱之光。"

④本辑录编者注:袁盎(约公元前 200—约前 150 年),字丝,汉朝楚人,个性刚直,有才干,被时人称为"无双国士"。汉文帝时名震朝廷,因数次直谏,触犯皇帝,被调任陇西都尉,后迁徙做吴相,吴王优厚相待。他在汉景帝"七国之乱"时,曾奏请斩晁错以平众怒,结果七国之乱平定后,他就被封为太常,显贵异常。

⑤董必武法学思想研究会编的《董必武诗选》第 70 页编者原注:"陈平,西汉初年丞相。诗中借指陈姓青年干部。"

⑥董必武法学思想研究会编的《董必武诗选》第 70 页编者原注:"龚澎望讯,龚的丈夫当时正在中原战场作战。"

⑦董必武法学思想研究会编的《董必武诗选》第 70 页编者原注:"小叶无家,小叶实名钟可玉,女,印尼归侨,中共党员。为了掩护身份假称是叶剑英的侄女,故被称作阿叶,时在重庆中共中央南方局秘书处电台科工作。"

两麕(张颖①、张健红②)避猎皆腾踔,

一雁(卢瑾③又名雪)雁凌空自漫游。

藕断丝连徒热闹,(涂国林④妻在延安,闹离婚,旋又和好)

冰梅⑤(徐冰、晓梅)得意总绸缪。

宋平⑥含笑家康⑦喜,(宋平与陈舜瑶、陈家康与徐克立都离别团圆各得其所)

裕景⑧怀忧子正⑨愁。(朱裕景、子正皆有所恋而未遂也)

养病山中大小许⑩,(许涤新父子都在歌乐山养病)

举头天外女男刘⑪。(刘昂、刘恕、刘光未找着对象)

孤单感叹龙飞虎⑫,(龙飞虎妻在延安天天喊爆炸)

---

①董必武法学思想研究会编的《董必武诗选》第71页编者原注:"张颖,女,当时是南方局文化组工作人员。"

②董必武法学思想研究会编的《董必武诗选》第71页编者原注:"张健红,女,也作张剑虹,当时在南方局文化组和妇女组工作。"

③董必武法学思想研究会编的《董必武诗选》第71页编者原注:"卢瑾,女,又名黄柳玲,南方局妇女组工作人员。"

④董必武法学思想研究会编的《董必武诗选》第71页编者原注:"涂国林,当时在中共中央南方局宣传部工作。"

⑤董必武法学思想研究会编的《董必武诗选》第71页编者原注:"冰梅,指徐冰和张晓梅。徐冰时在南方局文化组工作;张晓梅,女,时在南方局妇女组工作。"

⑥董必武法学思想研究会编的《董必武诗选》第71页编者原注:"宋平、陈舜瑶,当时在南方局宣传部工作。"

⑦董必武法学思想研究会编的《董必武诗选》第71页编者原注:"陈家康、徐克立。陈家康,当时在南方局外事组工作;徐克立,女,当时在南方局妇女运动委员会工作。"

⑧董必武法学思想研究会编的《董必武诗选》第71页编者原注:"裕景,即朱裕景,又名朱语今,时为南方局青年组干部。"

⑨董必武法学思想研究会编的《董必武诗选》第71页编者原注:"子正,即薛子正,当时在八路军驻重庆办事处、中共中央南方局军事组工作。"

⑩董必武法学思想研究会编的《董必武诗选》第71页编者原注:"大小许,指许涤新父子。许涤新当时在南方局经济组工作;许子名嘉陵,被其父传染结核病。"

⑪董必武法学思想研究会编的《董必武诗选》第71页编者原注:"女男刘。女刘,指刘昂;男刘,指刘恕、刘光。三人当时都是单身。刘恕当时在八路军驻重庆办事处经理科工作。刘光当时在南方局青年组工作。"

⑫董必武法学思想研究会编的《董必武诗选》第72页编者原注:"龙飞虎,为周公馆馆长,副官。周公馆设在重庆市内曾家岩五十号。周恩来、董必武、邓颖超、叶剑英等常住在这里,故称周公馆。"

隆泰①栖皇马唤牛。(颜泰隆栖皇求爱,人有颠倒其名呼为隆泰,亦欣然应)

诸如此类都须咏,

再度凭公细细讴。

---

①董必武法学思想研究会编的《董必武诗选》第72页编者原注:"隆泰,即颜泰隆,时任周恩来随身副官。"

次韵林老旧历除日寄怀红岩诸友二律①

一九四二年八月

递到新诗历半年，
清思神妙入毫颠。
筹边胜算高庞籍②，
报国先驱著祖鞭③。
疏影暗香才未竭，
朱颜白发岁增妍。
门前园景知何似，
我欲还窥草木鲜。

奇数人争说小鹏④，
依然岩上矗飞鸿。
爱莲纵使心如月，

---

①本辑录编者注：该诗选自董必武法学思想研究会编的《董必武诗选》，中央文献出版社2011年版，第73页。

②董必武法学思想研究会编的《董必武诗选》第73页编者原注："庞籍，北宋大臣。当宋与西夏交战时，庞以龙图阁直学士知延州（今延安），修筑城寨，募民耕种，严肃军令，加强防御，并筹划议和事宜，有政声，后官至宰相。"

③董必武法学思想研究会编的《董必武诗选》第74页编者原注："祖鞭，《晋书·刘琨传》：'吾枕戈待旦，志枭逆虏。常恐祖生先吾着鞭。'祖生，祖逖。后因用为先著、先手之意。"

④董必武法学思想研究会编的《董必武诗选》第74页编者原注："小鹏，即童小鹏。"

苤苈偏教耳过风。
万事安排由陕北,
几年濡滞在川东。
嘉陵滩险潮难射①,
寂寞钱王守故宫。

---

①董必武法学思想研究会编的《董必武诗选》第74页编者原注:"潮难射,相传五代时吴越王钱镠在杭州用弓箭射钱塘江潮头,与海神交战。诗中借指钱之光婚事无着。"

偶 题[①]

一九四二年九月六日夜

结束重重世网艰，
破觚未竟欲为圜。
神存牝牡骊黄外，
意溢豪缣黑白间。
所获已多何用忮，
徒劳无益必须悭。
愿呼阿Q由他去，
且咏新诗一解颜。

[①] 本辑录编者注：该诗选自董必武著、启功等书《当代名家书董必武诗作品集》，中国文联出版公司1996年版，第25页。

喜得觉弟书及七律一首依韵答之①

一九四二年九月十七日

乱离人似九秋蓬，
一纸飘然寄自东。
且喜亲朋多甚健，
惟闻吾弟尚微聋。
坚持敌后斯为贵，
教育青年更是功。
我岂为名频浪迹，
故乡回首月明中。

---

①本辑录编者注：该诗选自最高人民法院、中共中央文献研究室、董必武法学思想研究会编的《董必武诗稿手迹选》，中央文献出版社2006年版，第10页。觉弟，董必武弟弟觉生，名贤珏。

贺陈远绍①李惠文②同志结婚③
一九四二年十月十日

远绍栖惶已八年，
惠文千里竟西迁。
关山兵火何能阻，
信是人间有夙缘。

---

① 董必武法学思想研究会编的《董必武诗选》第80页编者原注："陈远绍，曾任八路军驻重庆办事处周公馆（曾家岩五十号）馆长。"

② 董必武法学思想研究会编的《董必武诗选》第80页编者原注："李惠文，女，时在中共南方局组织部工作。"

③ 本辑录编者注：该诗选自董必武法学思想研究会编的《董必武诗选》，中央文献出版社2011年版，第80页。

贺黄①薛②结婚③

一九四二年十月十日

佳节逢双十,
姻姻庆集团。
李陈④原夙好,
黄薛是新欢。
千里绳牵足,
百年凤友鸾。
秋深篱下菊,
同采落英餐。

戎马馀生薛大哥,
黄常相遇笑呵呵。
机投意合恩情重,
从此驱倭得助多。

---

①董必武法学思想研究会编的《董必武诗选》第81页编者原注:"黄,即黄常,女,当时在八路军驻重庆办事处医务室工作。"

②董必武法学思想研究会编的《董必武诗选》第81页编者原注:"薛,即薛子正。"

③本辑录编者注:该诗选自董必武法学思想研究会编的《董必武诗选》,中央文献出版社2011年版,第81页。

④董必武法学思想研究会编的《董必武诗选》第81页编者原注:"李陈,李惠文、陈远绍。"

挽龚镇洲[①]先生[②]

一九四二年十月二十日

早岁娴韬略，
英名溢合肥。
驱胡张汉帜，
讨叛脱袁靰。
气逐山河壮，
神馀貔虎威。
陪都曾接席，
讵意永相违。

---

①董必武法学思想研究会编的《董必武诗选》第82页编者原注："龚镇洲，（一八八二——一九四二），安徽合肥人。早年加入同盟会，在安庆运动新军参加反清革命活动。一九一一年十一月初带兵在江苏靖江举义，为苏皖一带响应武昌起义之先声。淞沪战后，积极奔走于川滇桂之间，鼓动抗日。"

②本辑录编者注：该诗选自董必武法学思想研究会编的《董必武诗选》，中央文献出版社2011年版，第82页。

寿沈衡山①先生②

一九四二年十二月二十五日

六八未称老,
心犹赤子然。
希文胸喜阔,
墨翟顶摩圆。
爱石几成癖,
交友③不计年。
潘陈同祝嘏,
重把一杯传。

---

①本辑录编者注:衡山,沈钧儒号。沈钧儒(1875—1963),字秉甫,汉族,浙江嘉兴人。清光绪甲辰(1904)进士,次年留学日本,回国后参加辛亥革命和反对北洋军阀的斗争。著名爱国民主人士,法学家,政治活动家,救国会"七君子"领头人,中国民主同盟的创始人之一,曾任民盟中央主席,历任中央人民政府委员、最高人民法院院长、全国人民代表大会常务委员会副委员长、中国人民政治协商会议全国委员会副主席和中国政治法律学会副会长等职,曾出席在柏林召开的国际民主法律工作者协会第五届代表大会,当选为国际民主法律工作者协会副主席。

②本辑录编者注:该诗选自董必武著、启功等书《当代名家书董必武诗作品集》,中国文联出版公司1996年版,第26页。

③本辑录编者注:在《当代名家书董必武诗作品集》中,书法部分作"朋"字,文字部分作"友"字,此处按文字所作的"友"字编录。

闻李愈友丧偶诗以唁之①

一九四二年十二月二十九日

人世沧桑阅历多，
暮年烈士感蹉跎。
江山半壁馀蛇豕，
松柏中条绝茑萝。
载笑载言容仿佛，
营斋营奠涕滂沱。
知君重有神伤处，
难鼓盆如漆叟②歌。

---

①本辑录编者注：该诗选自董必武法学思想研究会编的《董必武诗选》，中央文献出版社2011年版，第85页。李愈友，董老青少年时期同学。后毕业于保定军官学校，参加武昌起义。新中国成立后任湖北省参事室参事。

②董必武法学思想研究会编的《董必武诗选》第85页编者原注："漆叟，战国时，庄周曾为蒙地漆园吏。漆叟指庄周。"

溥之①来书斐然有述作之志,诗以促之②
一九四二年

曾经人世几沧桑,
回首前尘渐渺茫。
如君肯动生花笔,
苦涩甜酸愿共尝。

珠玑咳唾总成章,
质美还嫌藻饰伤。
记述不妨如实写,
中和平淡味弥长。

---

①本辑录编者注:溥之,即袁溥之(1904—1994),陈郁夫人,湖北省光化县人,15岁即投身革命,1925年7月在广州经董必武、钱亦石介绍加入中国共产党,曾担任中共湖北省委妇委书记。1927年由组织派遣,赴莫斯科中山大学学习经济地理。其间与同班学员、曾是上海五卅运动中学生会干部朱代杰结婚。朱因参与反对王明一伙,1930年被王明等打成"托派"开除党籍遣送回国,从此意志消沉,不再参加革命,袁溥之便与其分手。董必武后来知道袁与其分手,写了一首长诗送给她,其中有这样四句:"子与朱绝交,不欲再挂齿,公私甚分明,情义应如此。"袁溥之早已于1928年回国,即派到安徽从事地下工作,1929年初在芜湖遭逮捕,被国民党军事法庭宣判死刑。"九一八"事变后,得到友人营救,改判7年监禁,被关押到安庆监狱,1933年8月出狱。1939年8月上旬,袁溥之到重庆红岩村找到董必武,要求去延安。1940年11月,袁溥之被派到绥德干部子弟学校任教。1941年三八妇女节,她当选为"妇女模范"。她把此事写信告诉在重庆工作的董必武,董高兴地赋诗加以鼓励。1943年10月10日,袁溥之和陈郁结婚,董必武知道后,又高兴地为他们赋诗祝贺。解放后,袁溥之曾任煤炭部副司长,广东省教育厅副厅长、高教局副局长等。

②本辑录编者注:该诗选自董必武著、启功等书《当代名家书董必武诗作品集》,中国文联出版公司1996年版,第27—28页。

三八节日红岩嘴桃李花盛开
偕办事处同仁登山即景戏题五绝句①
一九四二年三月八日②

谁言桃李不能春，
烂漫枝头亦有神。
絮白锦红相竞艳，
一时花事恋游人。

莫将轻薄诋桃花，
管领春风绚采霞。
点缀枯枝先绿叶，
赏心人远遍天涯。

桃李花开色正秾，
一溪云锦漾春风。
不辞曲折登山径，

---

① 本辑录编者注：该诗选自董必武法学思想研究会编的《董必武诗选》，中央文献出版社2011年版，第58页。最高人民法院、中共中央文献研究室、董必武法学思想研究会编的《董必武诗稿手迹选》，中央文献出版社2006年版，第24页中亦未收录此诗。

② 本辑录编者注：《董必武诗稿手迹选》标示该诗的写作时间为1944年3月8日。董必武法学思想研究会编的《董必武诗选》定为"一九四二年"。此从《董必武诗选》。从诗题可知，作者写于"三八节"当日，故标明"一九四二年三月八日"。

为爱韶光恤此躬。

玻璃江水碧如油，
春日红岩事事幽。
桃李不知人意绪，
故教花蕊绽枝头。

翠筱丛中一树花，
娇娆秀出莫能遮。
含苞欲放折不得，
愁杀佳人李冠华①。

---

①《董必武诗选》第 59 页编者原注："李冠华，一九二四年生，女，山西洪洞人。一九四〇年至一九四二年，在重庆南方局秘书处电台科工作。"

八月一日贺松甫①姜红②两同志结婚于红岩嘴③

一九四二年

今朝喜事正重重，
时地芳名相竞红④。
曾对电台羞答答，
每当人面别匆匆。
画眉倚阁频添笑，
系足朱绳永不松。
如此良辰如此景，
隔房羡煞小朋童⑤。

---

①董必武法学思想研究会编的《董必武诗选》第75页编者原注："松甫，钱松甫，时任职于中共南方局秘书处电台科。"

②董必武法学思想研究会编的《董必武诗选》第75页编者原注："姜红，即江洪，女，时在中共南方局秘书处电台科工作。"

③本辑录编者注：该诗选自董必武法学思想研究会编的《董必武诗选》，中央文献出版社2011年版，第75页。

④董必武法学思想研究会编的《董必武诗选》第75页编者原注"时地句"及"系足句"，董老将姜红的"红"字和松甫的"松"字嵌入诗中。

⑤董必武法学思想研究会编的《董必武诗选》第75页编者原注："小朋童，即童小鹏。"

九月二十一日为经颐渊①先生逝世四周年纪念日用树人韵吊之兼寄亚子②

一九四二年

四年未听怒涛声，
泉路悠悠倘慰情。
虏树敌多含败著，
我鏖战久得强名。
至今海内称高节，
尽日山中利永贞。
返旆东南涤瑕秽，
共临白马一樽倾。

---

①董必武法学思想研究会编的《董必武诗选》第79页编者原注："经颐渊，即经亨颐（一八七七——一九三八），浙江上虞人。晚字颐渊。近代教育家、书画家。在浙江从教二十余年。培养了宣中华、柔石、杨贤江、陈建功、丰子恺、潘天寿等优秀人才。"

②本辑录编者注：该诗选自董必武法学思想研究会编的《董必武诗选》，中央文献出版社2011年版，第79页。

寿范楚中七十生日①

约一九四二年

勉学陶朱活计宽，
古稀年事几波澜。
胸中忧乐关天下，
皮里阳秋②结吉端。
薄俗能移钦孝义，
长君善继识艰难。
金焦胜境重游日，
愿作糟丘③诵考槃④。

---

①本辑录编者注：该诗选自董必武法学思想研究会编的《董必武诗选》，中央文献出版社2011年版，第87页。

②董必武法学思想研究会编的《董必武诗选》第87页编者原注："皮里阳秋，《晋书·褚裒传》：'……言其外无臧否，而内有所褒贬也。'言人表面不作评论，内心有所褒贬。"

③董必武法学思想研究会编的《董必武诗选》第87页编者原注："糟丘，积酿酒所余之糟渣堆积成山。比喻溺于酒。"

④董必武法学思想研究会编的《董必武诗选》第87页编者原注："考槃，《诗·卫风·考槃序》：'考槃，刺庄公也。不能继先公之业，使贤者退而穷处。'后因以作隐居穷处之代称。"

和白华见赠之作①

约一九四二年

冬至人间春必回，
雪霏亦速早梅开。
岁寒而后知松柏，
力弱犹思辞草莱。
倘视弃官如敝屣，
定留妙笔药凡胎。
自观可厌深惭我，
非子相寻孰肯来。

① 本辑录编者注：该诗选自董必武法学思想研究会编的《董必武诗选》，中央文献出版社2011年版，第88页。

元月二十一日夜偶成[1]

一九四三年一月二十一日[2]

月光穿薄雾,
澹照空阶静。
四顾何阒然,
严寒知夜永。

冬雾寒意重,
归斋拥被眠。
宵深多转侧,
面壁影蹁跹。

---

[1]本辑录编者注:该诗选自董必武著、启功等书《当代名家书董必武诗作品集》,中国文联出版公司1996年版,第21—22页。

[2]本辑录编者注:该诗写作时间从最高人民法院、中共中央文献研究室、董必武法学思想研究会编的《董必武诗稿手迹选》所示。

民国三十二年元旦[①]试笔
一九四三年二月五日

战时六度逢元日[③]，
四见陪都柏叶新。
同庆苏联新胜利，
共知纳粹快沉沦。
纵然倭寇氛犹炽，
可识中华志必伸。
破晓之前天一黑，
今年工作倍艰辛。

---

①董必武法学思想研究会编的《董必武诗选》第90页编者原注："元旦，农历元旦，公历二月五日。"

②本辑录编者注：该诗选自董必武法学思想研究会编的《董必武诗选》，中央文献出版社2011年版，第90页。

③董必武法学思想研究会编的《董必武诗选》第90页编者原注："元日，民廿七年元旦在武汉，卅年元旦在西安。"

怀怡如①兄②

一九四三年二月五日

投笔从戎日，
潜怀救国忧。
不甘胡虐政，
始结汉同心③。
直道虽存古，
时宜未合今。
同归期白首，
一往见情深。

---

①本辑录编者注：怡如，潘怡如，名康时，湖北黄安（今红安）人，中共党员。董必武同志的挚友。

②本辑录编者注：该诗选自董必武法学思想研究会编的《董必武诗选》，中央文献出版社2011年版，第91页。

③董必武法学思想研究会编的《董必武诗选》第91页编者原注："始结句，辛亥革命前君于十六混成旅及武汉人士中先后组织群治学社、振武学社及文学社等革命团体。"

奉和谢公元旦偶成韵[1]

一九四三年二月初

废约[2]声中过旧年，
边区骒牝[3]迈三千。
望梅未熟难为渴，
对酒当歌且自贤。
岁月蹉跎人易老，
琴书跌宕志弥坚。
长期抗战须能耐，
共挽狂澜障百川。

---

[1] 本辑录编者注：该诗选自董必武法学思想研究会编的《董必武诗选》，中央文献出版社 2011 年版，第 92 页。

[2] 董必武法学思想研究会编的《董必武诗选》第 92 页编者原注："废约，南京条约的废除。时间在一九四三年一月十一日。南京条约是一八四二年鸦片战争后英帝国主义强加于我国的第一个不平等条约。"

[3] 董必武法学思想研究会编的《董必武诗选》第 92 页编者原注："骒牝，《诗·鄘风·定之方中》：'骒牝三千。'马七尺以上曰骒。骒牝，骒马与牝马。"

悼 亡①

一九四三年二月二十日

嫁得黔娄卅二年，
年年月月动忧端。
望夫有石堪摩抚，
思子无台可往还。
海上栖身良幸尔，
山中避寇更凄然。
从今脱却愁城去，
伴姊西游自在天。

荏苒冬春谢不知，
悼亡词费更迟迟。
客中在壁无遗挂，
梦里还乡见敝帷。
寒雪高桥衰柳折，
凄风字水白杨悲。
为君不及营斋奠，
注目存形旦暮思。

---

① 本辑录编者注：该诗选自最高人民法院、中共中央文献研究室、董必武法学思想研究会编的《董必武诗稿手迹选》，中央文献出版社2006年版，第14页。

和谢老元旦枕上口占韵[1]

一九四三年二月二十七日

花甲由人算，
胸中总是春。
绸缊留枕上，
漾漭见元晨。
志欲清尘嗣[2]，
行随白发新。
鉴流莫鉴止[3]，
流水不成陈。

---

[1] 本辑录编者注：该诗选自最高人民法院、中共中央文献研究室、董必武法学思想研究会编的《董必武诗稿手迹选》，中央文献出版社2006年版，第15页。谢老，对谢觉哉的尊称。

[2] 最高人民法院、中共中央文献研究室、董必武法学思想研究会编的《董必武诗稿手迹选》第154页编者原注："作者自注：康乐述祖德诗有清尘竟谁嗣之句。"

[3] 最高人民法院、中共中央文献研究室、董必武法学思想研究会编的《董必武诗稿手迹选》第154页编者原注："作者自注：康乐初去郡诗有鉴止流归停句，系用古语莫监于流潦而监于止水之意。"

贺废约[1]

一九四三年二月二十七日

抗战坚持去，
盟邦弃特权。
吾人方失地，
何物敢贪天。
梅子望将熟，
枪花掉得圆。
精神上平等，
此意好宣传。

---

[1] 本辑录编者注：该诗选自董必武法学思想研究会编的《董必武诗选》，中央文献出版社2011年版，第96页。

重庆办事处五周年纪念①
一九四三年三月五日②

七年犹作抗倭谋,
五载渝城强滞留。
乍暖乍寒更气候,
忽张忽弛度春秋。
曾闻郑国驱狂狗,
莫讶韩生笑沐猴。
学得毛公双字诀,
挤钻如意更何求?③

①本辑录编者注:该诗选自《董必武诗选》,人民文学出版社1977年版,第18页。
②本辑录编者注:该诗写作时间从最高人民法院、中共中央文献研究室、董必武法学思想研究会编的《董必武诗稿手迹选》所示。
③作者原注:"毛主席说,学习没有时间就'挤',学不进去就'钻'。'挤钻'双字诀指此。"

贺童小朋①朱紫菲②结婚③

一九四三年三八节

春至人间后，
童朱鼓瑟琴。
不须书两地，
已结带同心。
灼灼桃华绽，
双双燕子临。
红岩三八节，
箫引凤皇音。

---

①董必武法学思想研究会编的《董必武诗选》第99页编者原注："童小朋，即童小鹏。"
②董必武法学思想研究会编的《董必武诗选》第99页编者原注："朱紫菲，女，当时在中共中央南方局秘书处机要科以及南方局宣传处工作。"
③本辑录编者注：该诗选自董必武法学思想研究会编的《董必武诗选》，中央文献出版社2011年版，第99页。

儿童节用谢老韵[1]

一九四三年四月四日[2]

有儿有女未相亲，
独处巴渝八十旬。
顾复之劳惟赖母，
笑啼在念亦生春。
颇思泛泛鸥为伴，
翻羡翩翩燕作宾。
庆祝孩童皆健美，
惭余老拙更愁人。

---

[1]本辑录编者注：该诗选自《董必武诗选》，人民文学出版社1977年版，第17页。《董必武诗选》编者原注："谢老是谢觉哉同志的尊称。"

[2]本辑录编者注：该诗写作时间从最高人民法院、中共中央文献研究室、董必武法学思想研究会编的《董必武诗稿手迹选》所示。

吊张荩忱①将军②

一九四三年五月十六日③

汉水东流逝不还，
将军忠勇震瀛寰。
裹尸马革南瓜店，
三载平芜血尚斑。

①本辑录编者注：张荩忱，即张自忠。张自忠(1891—1940)，字荩忱，山东临清市唐元村人。著名抗日爱国将领。1911年考入天津法政学校，次年转入济南法政专科学校。1914年，他投笔从戎，历任排长、连长、营长、团长、旅长、师长、国民革命军第33集团军总司令等职，并先后兼任察哈尔省主席、天津市市长。抗日战争暴发后，他率部南下抗战。1940年5月1日，在枣宜战役(枣宜改自忠)中英勇殉国。1940年5月28日，重庆国民政府举行隆重葬礼。8月15日，延安各界人士举行张自忠追悼大会，毛泽东、周恩来、朱德分别送了挽词。1982年，中华人民共和国民政部追认张自忠为革命烈士。

②本辑录编者注：该诗选自董必武著、启功等书《当代名家书董必武诗作品集》，中国文联出版公司1996年版，第31页；又见于《新华日报》1943年5月16日第四版，题为《张故上将自忠殉国三周年纪念》。

③本辑录编者注：《当代名家书董必武诗作品集》标明该诗的时间是"一九四三年五月——一九四四年"，《新华日报》刊载于1943年5月16日，或可推定为该诗的最初发表时间。参见本书诗稿部分之《再吊张荩忱将军》。

谢老旧历四月初三日六十大庆，闻讯已迟，补诗祝之[①]

一九四三年六月二日

曾读林公贺寿词，
我来补祝又嫌迟。
传家绝业诗千首，
报国多方笔一支。
屡有文章惊海内，
从无渣滓扰襟期。
流年算已周花甲，
好学深思老不疲。

[①]本辑录编者注：该诗选自董必武著、启功等书《当代名家书董必武诗作品集》，中国文联出版公司1996年版，第32页。这是祝谢觉哉60岁的贺寿诗。

送周邓①陈②林③钱④方⑤吴⑥伍⑦诸同志返延安⑧

一九四三年六月二十七日

争取光明好转机，

此日遄归正适时。

---

①董必武法学思想研究会编的《董必武诗选》第105页编者原注："周邓，周恩来、邓颖超。"

②董必武法学思想研究会编的《董必武诗选》第105页编者原注："陈，陈楚源，（一九○六——一九九○），本名陈铁铮，即孔原。江西萍乡人。一九二四年加入中国社会主义青年团，一九二五年转党。一九二七年参加南昌起义。曾任中共中央驻北方代表。抗日战争时期先后任中共西南工作委员会书记，中共中央南方局委员、组织部部长。新中国成立后，先后任对外贸易部副部长，国务院外事办公室副主任等职。"

③董必武法学思想研究会编的《董必武诗选》第106页编者原注："林，林彪。"

④董必武法学思想研究会编的《董必武诗选》第106页编者原注："钱，钱瑛（一九○三——一九七三），女，湖北潜江人。一九二七年加入共青团，同年五月转党。一九二九年至一九三一年在苏联学习。回国后在江苏做地下工作，一九三三年被国民党政府逮捕，抗战爆发后出狱，先后任鄂中区委书记、中共西南工委书记等职。"

⑤董必武法学思想研究会编的《董必武诗选》第106页编者原注："方，方方（一九○四——一九七一），广东普宁人。一九二五年加入共青团，一九二六年转党。大革命失败后，一直在粤东、闽西南坚持斗争。抗战爆发后，任中共南方工作委员会书记。"

⑥董必武法学思想研究会编的《董必武诗选》第106页编者原注："吴，吴克坚（一九○○——一九八六），湖南平江人。一九二四年加入中国共产党。先后在湖南、上海、武汉等地工作。一九三二年赴莫斯科学习，一九三六年在巴黎任《救国时报》总经理。七七事变后回国。先后任中共中央长江局副秘书长、《新华日报》总编辑。"

⑦董必武法学思想研究会编的《董必武诗选》第106页编者原注："伍，伍云甫（一九○四——一九六九），湖南耒阳人。一九二六年加入中国共产党。曾参加秋收起义和湘南暴动。一九三四年参加长征。历任八路军驻西安办事处处长、中央军委秘书长等职。"

⑧本辑录编者注：该诗选自董必武法学思想研究会编的《董必武诗选》，中央文献出版社2011年版，第104页。

域外盟邦更团结，
友方决意渐推移。
纵然夏令云多变，
赖有南针路未歧。
速报延安好消息，
国人引领远相期。

庶事躬亲料量之，
晶莹温润玉如斯。
曲中有误频相顾，
蕴藉风流英发姿。

妙语涌泉若跳珠，
几经舌战胜群儒。
炼钢绕指柔非易，
报与延安女丈夫。

三年蠖屈红岩嘴，
千里能传碧衣簪。
整好作风此归去，
不劳重听捣衣砧。

挽回危局试南行，
九月巴渝博好评。
不仅武威能克敌，
折冲樽俎亦峥嵘。

不为威屈女陈平①，
开辟荒芜斩棘荆。
锐意学行蕲上进，
浑忘楚瑟与秦筝。

岭外重来入首都，
无端瓜蔓几时休。
驱车又上鄜延道，
好整三风得自修。

笔健能扫千人军，
论坛咤叱变风云。
六年苦战番休后，
赢得娇娃齿颊芬。

西安曾显好身手，
巴蜀今传正学风。
作客本无妨暂逸，
读书只欲竟前功。

---

① 董必武法学思想研究会编的《董必武诗选》第160页编者原注："不为句，陈平为汉初名相，有谋略，与太尉周勃合力，尽诛诸吕，安汉朝。诗中借陈平赞钱瑛干练，有才能，经受国民党监狱残酷磨难，坚贞不屈。"

题红岩乐园[1]

一九四三年七月二十五日

  红岩办事处所居右侧有隙地,宽丈许,积土起伏,废而未用,救亡室同仁铲平之,略加整理,故曰乐园。夏夜纳凉,亦颇佳胜。诗以咏之。

> 举锄剧土汗如沈,
> 列坐谈瀛夜不眠。
> 熠耀红灯张岭上,
> 低垂绿柳夹溪边。
> 怎当暑气粗茅屋,
> 此是人间小洞天。
> 自力所成弥足贵,
> 变工之绩莫能先[2]。

---

  [1]本辑录编者注:该诗选自董必武法学思想研究会编的《董必武诗选》,中央文献出版社2011年版,第107页;又载董必武著、启功等书《当代名家书董必武诗作品集》,中国文联出版公司1996年版,第33页。

  [2]董必武法学思想研究会编的《董必武诗选》第107页编者原注:"变工句,陕北变工队为抗战中生产动员之一种成绩。"

病中杂咏①

一九四三年九月十四日

脚痛不可立，
尽日睡昏昏。
眼花疑壁动，
耳静觉虫喧。
白云窗隙过，
黄犬椅前蹲。
遨心驰北国，
驱寇始纾烦。

客里生微疾，
怡然不忆家。
同心如手足，
异地是天涯。
世界风云会，
中原父老夸。
齐声称大定，
寇已陷泥沙。

---

①本辑录编者注：该诗选自董必武法学思想研究会编的《董必武诗选》，中央文献出版社2011年版，第108页；又载董必武著、启功等书《当代名家书董必武诗作品集》，中国文联出版公司1996年版，第34页。

闻亚子①居母丧集杜句唁之②
一九四三年秋

万事随转烛（佳人），

阴风千里来（吴侍御江上宅）。

嵯峨阊门外（壮游），

霜鸿有馀哀（金华山观）。

乾坤此深阻（宿青溪驿），

杀气吹沅湘（入衡州）。

不得收骨肉（佳人），

真宰意茫茫（遣兴）。

漂泊南庭老（舟中），

丧乱饱经过（寓目）。

自伤迟暮眼（寓目），

回首白云多（何将军山林）。

---

①董必武法学思想研究会编的《董必武诗选》第110页编者原注："亚子，柳亚子。"

②本辑录编者注：该诗选自董必武法学思想研究会编的《董必武诗选》，中央文献出版社2011年版，第109页。

江城今夜客（出郭），

见此忠孝门（柏中丞除官制）。

念君经世乱（送班司马入京），

痛哭苍烟根（送樊侍御）。

吊张仲仁①先生用放翁书愤韵②

一九四三年十月二十七日

七七终将黑白分,
先生高义世间闻;
关东久堕遗民泪,
塞北争传老子军③。
曾诫阋墙同御侮,
屡称进步莫离群;
秋霖弥月巴山黯,
使我心忧隐若熏。

---

①董必武法学思想研究会编的《董必武诗选》第111页原注:"张仲仁,名一麐、一麟,一八六七年生,江苏吴县人。清末名士,民国后曾任北洋政府要职。九一八事变后,投身抗日救国活动。与挚友李印泉等发起创立'老子军',备受瞩目,传颂一时。一九三八年被选为国民参政会参政员。一九四三年病逝于重庆。"

②本辑录编者注:该诗选自董必武法学思想研究会编的《董必武诗选》,中央文献出版社2011年版,第111页。原载《新华日报》1943年11月6日第四版,题为《张仲仁先生挽诗(用放翁·书愤·韵)》。《新华日报》在1943年11月7日第三版登出"更正",对诗中的排印错误作了更正。"更正"中说:"六日本报四版所载董必武同志挽张仲仁先生诗,最末一句最后一'薰'字,系'熏'字之误植,特此更正。"

③本辑录编者注:此句在《新华日报》1943年11月6日第四版为"江东尚堕遗民泪,塞北争迎老子军"。

祝沫若兄寿诞①

一九四三年十一月十六日②

前年此日,全国各地文化界人士庆祝沫若兄五十大寿及其创作生活二十五周年纪念,集会称觞,云蒸霞蔚,极一时之盛。嗣后沫若兄继续创作,迭制名篇,为文坛生色不少。目下陪都剧院正演其新作《金风剪玉衣》,而《高渐离》一剧竟以检扣,未能问世,舆论惜之。沫若兄阶前兰玉竞秀,今年寿诞前又添一子,真重庆中之重庆也。小诗纪之,藉博一粲。

精力仍弥满,
文思总发皇。
玉衣裁恰好,
铅筑擎何妨。
种石皆成璧,
添寿又弄璋。
峨眉此仙客,
八百蜀流芳③。

---

①本辑录编者注:该诗选自董必武法学思想研究会编的《董必武诗选》,中央文献出版社2011年版,第112页。《董必武诗稿》,文物出版社1979年版,第2—3页亦收录此诗,题为《祝郭沫若生日》,题下有作者题注为:"时郭添丁并有新作脱稿。"又见最高人民法院、中央文献研究室、董必武法学思想研究会编的《董必武诗稿手迹选》。

②本辑录编者注:《董必武诗稿》作者有原注为:"原稿无题目及写作年月,大约作于一九四三年或一九四四年。"这个写作时间从最高人民法院、中央文献研究室、董必武法学思想研究会编的《董必武诗稿手迹选》所示。

③作者原注:"蜀人李阿穴居不食,号八百岁翁(事见《抱朴子·内篇》卷九)。"

贺乔冠贤①龚澎同志结婚四绝句②

一九四三年十一月十八日

匈奴未灭敢云家，
欲赴疆场愿尚赊，
七尺昂藏难报国，
同心且共惜年华。

渝城雾重小阳春，
宴尔新婚正及辰，
莫谓金鸡轻报晓，
漫漫长夜已将晨。

淮海俊人惊总角，
合肥名媛重连城，
善交才拟云霞质，
论事文如金石声。

---

①董必武法学思想研究会编的《董必武诗选》第114页编者原注："乔冠贤，即乔冠华。"

②本辑录编者注：该诗选自董必武法学思想研究会编的《董必武诗选》，中央文献出版社2011年版，第113页。

书成博议吐奇芬，
锦织回文谱烂云，
誓海盟山相互证，
一心为国展功勤。

朱汉明①王汶②结婚贺诗③

一九四三年十二月五日

缥帙芸编④取又还，
朝云暮雨望巫山。
书中信有颜如玉⑤，
喜动红岩聚筱间。

事在人为已得之，
摽梅⑥未适误佳期。
流年似水君应惜，
金缕衣裁尚不迟。

---

①董必武法学思想研究会编的《董必武诗选》第115页编者原注："朱汉明，即朱汉民，当时在中共中央南方局青年组工作。"

②董必武法学思想研究会编的《董必武诗选》第115页编者原注："王汶，女，曾先后在中共中央南方局妇女组、宣传部工作，负责管理图书资料。"

③本辑录编者注：该诗选自董必武法学思想研究会编的《董必武诗选》，中央文献出版社2011年版，第115页。

④董必武法学思想研究会编的《董必武诗选》第115页编者原注："缥帙、芸编，意皆为书卷。"

⑤董必武法学思想研究会编的《董必武诗选》第115页编者原注："书中句，图书室在二楼，朱常去借书还书，被董老在诗中戏谑。"

⑥董必武法学思想研究会编的《董必武诗选》第116页编者原注："摽梅，《诗·召南·摽有梅》：'摽有梅，其实七兮，求我庶士，迨其吉兮。'摽梅谓梅子成熟后落下来，比喻女子已到结婚的年龄。"

得诸弟侄讯以诗答之[①]

一九四三年十二月十四——十五日

寄觉生[②]弟

乱离人易老,

况复病相撄。

地僻无医药,

身劳要卫营。

还元由自力,

战胜始更生。

负荷如嫌重,

何妨略减轻?

寄献之[③]弟

故山归去后,

[①]本辑录编者注:该诗选自最高人民法院、中共中央文献研究室、董必武法学思想研究会编的《董必武诗稿手迹选》,中央文献出版社2006年版,第20—21页。

[②]本辑录编者注:"觉生,董必武弟弟董贤珏。"

[③]本辑录编者注:"献之,董必武堂弟董献之。"

感想尔何如？
可扫先人墓，
能居敝室庐？
世风都改变，
妄念要捐除。
已近知非日，
惟诚乃复初。

寄良焱①侄

五载音书绝，
难忘陷房危。
白云时在望②，
黄鹤久相离。
喜汝依吾季，
成人慰母嫠。
驱倭同努力，
何患会无期？

寄良润③侄

距尔四千里，
辞乡又五年。
邑城豺虎窟，

---

①本辑录编者注："良焱，董必武堂侄。"
②最高人民法院、中共中央文献研究室、董必武法学思想研究会编的《董必武诗稿手迹选》第154页编者原注："作者自注：武昌山后，有寺名白云深处。清末为外人购去，拆毁之，其地改建洋楼矣。"
③本辑录编者注："良润，董必武堂侄女。"

山谷鼓鼙填。
受教非庠序,
居危仍①管弦。
莫悲离乱苦,
磨炼益精坚!

---

①最高人民法院、中共中央文献研究室、董必武法学思想研究会编的《董必武诗稿手迹选》第156页编者原注:"作者自注:读仄声,郭沫若先生曾用过云陆德明释庄子时曾如此音释。照普通字书和韵书上仍只有平声无仄声。白香山曾将普通只有平声之字仄读或仄声之字平读。如十读时等。见洪迈著之《容斋随笔》一集,则平仄之限制,唐人已破之矣。"

步林老偶成韵得二律[1]
一九四三年十二月二十一日

南飞孤雁未归群，
回首延安望好音。
只为豕蛇侵上国，
不教牛马放桃林。
动员民众维扬武，
作育英才亦右文。
欧陆轴心将解体，
偕亡预卜是东邻。

踏霜塞马啸成群，
互动悲笳北国音。
阵气横云能抗日，
凉风吹律欲穿林。
义师整暇[2]敦诗教，

---

[1]本辑录编者注：该诗选自董必武法学思想研究会编的《董必武诗选》，中央文献出版社2011年版，第120页。

[2]董必武法学思想研究会编的《董必武诗选》第120页编者原注："整暇，好整以暇。语见《左传·成公十六年》：日臣之使于楚也，子重问晋国之勇，臣对曰：'好以众整。'曰：'又何如？'臣对曰：'好以暇。'后因用'好整以暇'形容既严整而又从容不迫。"

壮士雍容拂剑文。
靖守三边若独立，
莫令鹅鸭恼比邻。

简潘怡如[1]

一九四三年十二月二十三日

屡承关切不才身，
患难之交情更亲。
若讯近年何所事，
苏秦还是旧苏秦。

别来清恙究何如，
药饵知难供所须。
留得病躯将有待，
乱离再见定欢娱。

---

[1] 本辑录编者注：该诗选自董必武法学思想研究会编的《董必武诗选》，中央文献出版社2011年版，第121页。

谢 寿①

一九四三年十二月二十五日

世俗谢寿，应于寿诞后为之，而先期者，别有说也。两岩及报馆同志，指定开岁一月三日为余六十初度之辰，拟为祝贺。实则不知余生何日，余亦不自知生于何日也。余只记生于公历一八八六年旧历丙戌之正月。以旧历甲子推算，开岁适为余生之五十九年。若依公历，尚只五十八岁，称为六十者非是。人之于生日，任人于一岁中指定一日为之或自记其出生之日为之，其于作生日时，真妄之度正复相等。盖历闰偏差，出生之日有定而嗣后每岁中作生日之日，固非定也。此其例于闰月（照旧历）、闰日（照公历）生人为尤著。余既不能自记其生日，而承受同志指定之生日者，以此。但以为六十岁则殊不敢妄僭，以诗谢之。

出生原有日，
无定是周期。
巧历难为算，
吾身不自知。
且欣仍健在，
敢告莫奔驰。

①本辑录编者注：该诗选自董必武法学思想研究会编的《董必武诗选》，中央文献出版社2011年版，第122页。

殴寇鸭礁①外，
何嫌痛饮迟。

约过知非有九年，
谓予六秩却非然。
添筹强欲周花甲，
笑柄将留造业缘。
天下苦兵方扰攘，
其间凶岁更颠连。
先忧后乐吾何敢，
仰止私心向往焉。

---

① 董必武法学思想研究会编的《董必武诗选》第 123 页编者原注："借指鸭绿江。"

谢任老贺寿敬步原韵①

一九四三年十二月三十一日

我本恒言不称老,
赐寿承君破例来。
大厦将倾防栋腐,
新萌未达要人培。
戡天首仗生民力,
拨乱终须命世才。
元气凋伤同一慨,
几年休养始能恢。

---

①本辑录编者注:该诗选自董必武著、启功等书《当代名家书董必武诗作品集》,中国文联出版公司1996年版,第35页。任老,对黄炎培先生的尊称。

张静庐[1]从事出版业二十五周年纪念[2]
一九四三年

铅椠辛勤廿五年，

文坛几见斗芳妍。

是真名著千秋业，

拣选刊行世始传。

---

[1]董必武法学思想研究会编的《董必武诗选》第125页编者原注："张静庐,（一八九八——一九六九）,浙江镇海人。民主同盟盟员。出版家,一生致力于出版事业,为新文化运动作出了重大贡献。新中国成立后先后任职于出版署、古籍出版社和中华书局。"

[2]本辑录编者注：该诗选自董必武法学思想研究会编的《董必武诗选》,中央文献出版社2011年版,第125页。

题叔羊①山水②

约一九四三年

绿叶红花树各分,
坐观山瀑话溪云。
桃源纵有今何世,
炮火连天那不闻。

①董必武法学思想研究会编的《董必武诗选》第126页编者原注:"叔羊,沈叔羊,画家。"
②本辑录编者注:该诗选自董必武法学思想研究会编的《董必武诗选》,中央文献出版社2011年版,第126页。

题张曼筠①女士画怒涛册②

约一九四三年

是钱塘潮,是渤海浪,排山撼岳之势,轰雷圻地之声,冲决障碍之堤防,荡涤陈腐之渣滓,环玮雄奇,似现在中国人民抗日情境。

澎湃翻腾势莫当,
洪涛浩浩怒飞扬。
中华儿女情如此,
曷丧同怀誓日亡。

洪涛含怒向东流,
激遏腾冲势益遒。
爱国情怀如此水,
陆沉毕竟是瀛洲。

---

①董必武法学思想研究会编的《董必武诗选》第 127 页编者原注:"张曼筠(一九〇一——一九七五),女,江苏江阴人。爱国民主人士李公朴的夫人。"

②本辑录编者注:该诗选自董必武法学思想研究会编的《董必武诗选》,中央文献出版社 2011 年版,第 127 页。

无题①

约一九四三年

滔滔雄辩若悬河，
义胜何须吹法螺。
识得此中真诀窍，
锦标可夺保无讹。

① 本辑录编者注：该诗选自董必武法学思想研究会编的《董必武诗选》，中央文献出版社2011年版，第128页。

谢 寿[①]

一九四四年元月二日

新年连日诸友好宴集,为余作生日,感奋不寐,枕上口占二律谢之。一九四四年元月二日夜。

恰逢令节为生日,
柏酒延年共举卮。
诸子情深殊可感,
蕤躬德薄不相宜。
新中国仅雏形具,
大亚洲多怪影驰。[②]
实现民权要努力,
同登仁寿域何疑。

"我似老牛鞭不动",[③]
后推前挽总蹒跚。
愚公未惜移山力,

[①]本辑录编者注:该诗选自《董必武诗选》,人民文学出版社1977年版,第19—20页。
[②]作者原注:"系后改者。"
[③]作者原注:"借用苏东坡句,见《东坡续集》卷一《次韵子由诗相庆》。"

壮士须怀断腕观。
大局隐忧为破坏,
小民私祝是平安。
晨鸡屡作声喔喔,
反复叮咛报夜阑。

叠前韵谢许觉园①贺寿②

一九四四年一月七日

豪宕襟怀自咏诗，
卅三年首饮琼厄。
云烟过眼知无定，
风雨同舟忍最宜。
等是亡羊奚问毂，
不如老圃更羞迟。
梅翁久已登仙籍，
白下③移居颇致疑。

岁序如流莫可拦，
追踪绝迹愧槃跚。
嗟予那有天人策，

---

①董必武法学思想研究会编的《董必武诗选》第131页编者原注："许觉园，董老旧识，参加过辛亥革命，行医，对人民革命有同情，曾为重庆市文史馆员。"

②本辑录编者注：该诗选自董必武法学思想研究会编的《董必武诗选》，中央文献出版社2011年版，第131页。

③董必武法学思想研究会编的《董必武诗选》第131页编者原注："白下，南京市的别称。"

羡子常呈海岳观①。
市隐悬壶②期国活，
管窥揭橥为民安。
大洪山路虽遥远，
欲往遨游意未阑。

---

①董必武法学思想研究会编的《董必武诗选》第132页编者原注："羡子句,君以米颠自况书法雄奇。"

②董必武法学思想研究会编的《董必武诗选》第132页编者原注："悬壶,《后汉书·费长房传》:'市中有老翁卖药,悬一壶于肆头。'后因称行医卖药为悬壶。"

简亚子[1]

一九四四年元月二十一日

斯人竟不出,
搔首问穹苍。
志节佥知重,
文章国有光。
过秦论虐政,
于楚见真狂。
何日能瞻对,
欢然共举觞。

---

[1] 本辑录编者注:该诗选自董必武著、启功等书《当代名家书董必武诗作品集》,中国文联出版公司1996年版,第37页。亚子,柳亚子。

祝钱之光刘昂①结婚②

一九四四年一月

春去夏来秋复冬,

几番筹备几番慵。

射潮日往江头去,

顾影时从镜里逢。

既已倾心应作合,

未能免俗故春容③。

成双好事皆如愿,

岁首红岩喜气重。

---

①本辑录编者注:钱之光(1900—1994),浙江诸暨牌头王家宅人。夫人刘昂(蔡畅侄女)。1927年2月加入中国共产党。1934年10月,随中央红军长征。1938年8月,钱之光奉调到八路军南京办处工作。12月,南京办事处与武汉办事处合并,正式成立任八路军武汉办事处主任,兼新四军武汉办事处处长。1939年初,八路军重庆办事处成立,以少将军衔担任处长。1944年,任中共重庆工作委员会委员。1945年,任中共南方局(重庆局)委员,为重庆谈判作了大量的工作。1946年5月,随周恩来、董必武率领的中共代表团、中共南方局、重庆八路军办事处等单位到南京,任南方局委员兼财经委员会副书记、十八集团军驻南京办事处处长、南京中共代表团办公厅主任。1947年3月,到大连组织中华贸易总公司,后到香港组建华润集团总公司,任董事长。新中国成立后历任轻工业部部长、纺织工业部部长、国务院顾问,中共九届、十届、十一届中央委员,中央顾问委员会委员。他是一位无产阶级革命家、新中国纺织工业的奠基人。

②本辑录编者注:该诗选自董必武法学思想研究会编的《董必武诗选》,中央文献出版社2011年版,第134页。

③董必武法学思想研究会编的《董必武诗选》第134页编者原注:"春容,《礼记·学记》:'善待问者如撞钟……待其从容,而后尽其声。'本指钟声回荡相应,引申为雍容畅达,也比喻为和谐。"

觉生弟于夏历癸未除夕①甲申元旦吟七绝七首，多念我者，书此答之②

一九四四年三月十七日夜

除夕与元日，
得闲自咏诗。
诗句多念我，
情深意含悲。
悲我远行客，
聚首总无期。
岁时逢伏腊③，
客中何所为？
自我来陪都，
六年只暂违。
忝列参政员，
何曾窥幄帷。
书披马列籍，

---

①董必武法学思想研究会编的《董必武诗选》第136页编者原注："癸未除夕，即一九四四年一月二十四日。次日即甲申元旦。"

②本辑录编者注：该诗选自董必武法学思想研究会编的《董必武诗选》，中央文献出版社2011年版，第135页。觉生，名贤珏，董老的弟弟。

③董必武法学思想研究会编的《董必武诗选》第136页编者原注："伏腊，古代以夏天的伏日、冬天的腊日为节日，合称'伏腊'。"

夜读苏陆诗。
亲故多疏隔,
政友尚追随。
俸钱过十倍,
物价腾不疲。
米珠薪若桂,
难以疗人饥。
瞻望齐燕赵,
数十万健儿。
日与敌肉薄①,
频年绝饷遗。
而我居后方,
廪禄似徒縻。
报国怀虚愿,
对镜辄自嗤。
颇欲赴沙场,
马革可裹尸。
不然西北去,
建设亦其宜。
参与变工队,
劳作甘如饴。
室庐付尘劫②,
赖尔支门楣。
尔妻作内助,
尔子女娱嬉。

---

①董必武法学思想研究会编的《董必武诗选》第136页编者原注:"肉薄,即肉搏。"
②董必武法学思想研究会编的《董必武诗选》第136页编者原注:"室庐句,一九二七年大革命失败后,董老被反动派下令通缉,出走日本。黄安家中房屋先被查封,后被拆毁。家人被迫离乡外逃。"

设帐授生徒,
自效意在斯。
身婴①气喘疾,
不药要寻医。
养生能却病,
精心好护持。
我本流浪人,
心广体无亏。
久不记夏历,
度岁如平时。
感尔苦相忆,
思逐江流驰。
桃汛春将暮,
杨柳又依依。

---

① 董必武法学思想研究会编的《董必武诗选》第136页编者原注:"婴,通撄。"

哭潘怡如[1]

一九四四年三月

故交辗转问平安，
总谓虬松耐岁寒。
多病所需惟药饵，
真情直欲吐心肝。
憨中妩媚[2]谁能识，
闲里凄凉我有关。
江汉滔滔流不返，
几回重启旧函看。

客年未接一封书，
消息何如问亦疏。
只为兵戎多间阻，
不图人事有乘除。
楚云黯黯新秋后，

---

[1]本辑录编者注：该诗选自《董必武诗选》，人民文学出版社1977年版，第21—23页。《董必武诗选》编者原注："潘怡如，名康时，一八八〇年生，湖北红安人，中共党员。董必武同志的挚友。早年参加辛亥革命，后又参加了北伐。抗战中对地方游击队帮助很多。一九四三年逝世。"

[2]本辑录编者注：在《董必武诗选》第137页中此处作"妩媚"。

夜雨潺潺近夏初。
再过西州门首路，
也应恸哭恨难摅。

避寇山中五度秋，
壮怀激发赋同仇。
须知不合时宜处，
致有难言满腹愁。
劳苦生民悲重荷，
腐陈压力欲残留。
卅年奋斗如一日，
瞻望晨曦未到头。

投笔从戎为自由，
帝王军阀是君雠。
逐层显现回天力，
次第清除匝地忧。
姜桂性成弥老辣，
云霞交契愈轻柔。
平生我愧为知己，
未把英雄史迹留。

清明后一日得孔原①书却寄②

一九四四年四月六日③

小园芳草绿萋萋，

寒食清明日又迷。

生活恰如鱼饮水，

进修浑似燕衔泥。

心悬大局忧无补④，

绩著边隅喜可稽。

远念延安诸努力，

奋飞不得亦思齐。

---

①本辑录编者注：孔原（1906—1990），原名陈铁铮江西萍乡人。1925年加入中国共产党。1927年参加南昌起义。抗日战争时期，任中共中央社会部副部长、中共西北工作委员会委员、中共中央职工运动委员会委员。不久和许明结婚。1940年5月孔原随同周恩来副主席经西安、成都到重庆西南工作委员会任书记。不久，被国民党发现，列入黑名单。为了保护孔原的安全，周恩来决定把他调回八路军重庆办事处，接替博古担任南方局委员、组织部长。1941年1月皖南事变发生后，周恩来和林彪、邓颖超、孔原等100多人，乘卡车离开重庆。孔原返回延安后，在中央党校参加整风学习，其间，被诬为叛徒、特务、"红旗党"头子。后经周恩来、叶剑英同志澄清，其名誉得到恢复，并先后参加了中央政治局扩大会议、六届七中全会和党的七大。解放后，曾任政务院财经委员会委员、海关总署署长、对外贸易部副部长、国务院外办主任、解放军总参谋部顾问、全国人大常委副秘书长等。

②本辑录编者注：该诗选自《董必武诗选》，人民文学出版社1977年版，第24页。

③本辑录编者注：该诗写作时间从最高人民法院、中共中央文献研究室、董必武法学思想研究会编的《董必武诗稿手迹选》所示。

④本辑录编者注：在董必武法学思想研究会编的《董必武诗选》第139页此处作"心忧大局惭无补"。

亚子五八初度,桂林文化界拟为庆祝,不及躬与其盛,诗以贺之①

一九四四年五月五日

两度筵开未举觞,

南天遥见极星芒。

诗能报国应长寿,

礼不宜今合短丧。

阮籍②咏怀真绝唱,

宰予③变古实平常。

东林④复社⑤风规在,

清义高标薄俗匡。

---

① 本辑录编者注:该诗选自董必武法学思想研究会编的《董必武诗选》,中央文献出版社2011年版,第140页;又见于《柳亚子诗选》,广东人民出版社1981年版,第326页。

② 董必武法学思想研究会编的《董必武诗选》第140页编者原注:"阮籍,三国魏人,竹林七贤之一。"

③ 董必武法学思想研究会编的《董必武诗选》第140页编者原注:"宰予,春秋鲁国人,孔子的弟子,主张改变孔子'三年之丧'的主张,以'一年之丧'新制代之。"

④ 董必武法学思想研究会编的《董必武诗选》第141页编者原注:"东林,东林党,晚明以江南士大夫为主的政治集团。"

⑤ 董必武法学思想研究会编的《董必武诗选》第141页编者原注:"复社,明末以江南地主阶级士大夫为代表的结社之一。"

迎林老及偕同来渝诸同志[①]

一九四四年五月二十日

密云不雨独登台，
鹧鸪悲鸣到处哀。
汝洛直闻鼙鼓震，
延郿又遣使星来。
纵观大运终当复，
久拨阴霾总未开。
喜得怀安诗社讯，
闲吟佳句出琼瑰。

腐朽神奇尽入诗，
化工颠倒莫支持，
招来氓隶三般鼓，
闲却英雄一钓丝。
铸鼎御魑欣有耳，
飞乌绕树叹无枝。

[①] 本辑录编者注：该诗选自董必武法学思想研究会编的《董必武诗选》，中央文献出版社2011年版，第142页；又载李石涵编的《怀安诗社诗选》，陕西人民出版社1980年版，第194页。

粉江①虽是神仙洞，
难挽伊人在水湄。

---

① 董必武法学思想研究会编的《董必武诗选》第142页编者原注："粉江，在重庆。"

再吊张荩忱将军①

一九四四年五月②

汉水东流逝不还，
将军忠勇震瀛寰。
裹尸马革南瓜店，
三载平芜血尚斑。
男儿抗日死沙场，
青史垂名姓字香。
中原倘有英灵护，
岂让倭奴乱逞狂。

---

①本辑录编者注：该诗选自董必武法学思想研究会编的《董必武诗选》，中央文献出版社2011年版，第143页。

②董必武法学思想研究会编的《董必武诗选》第143页编者原注："题注，一九四三年五月，为纪念张荩忱将军殉国三周年，董老写过一首悼诗。一九四四年五月，中原战役倭势尚张，国军竟莫能抗，感时抚事，令人想念将军于不置，董老再写此首悼诗。"

读亚子寄伯渠两律用元韵[①]

一九四四年六月十八日

红豆寻来寄所思,
阶前雨后碧苔滋。
浮云蔽日愁无限,
坐井窥天知有涯。
脂韦只能投俗好,
牢骚端不合时宜。
桂林倘复惊烽火,
转地为佳可咏诗。

性僻耽诗以写忧,
平生嫉恶总如仇。
胸怀热血寒三伏,
笔挟严霜动九秋。
朱紫色殊何可夺,
薰莸味异不相投。
南明史迹斑斑在,
鉴古知今应有猷。

[①]本辑录编者注:该诗选自董必武法学思想研究会编的《董必武诗选》,中央文献出版社2011年版,第144页。

读黄齌馨林伯渠唱和诗[①]
一九四四年六月

二老争妍各占春，
瑶章唱和见丰神。
涪翁入蜀留遗爱，
处士居延作主人。
竹不可无差免俗，
梅因有咏辄生新。
渝城聚首非容易，
世乱年荒敢厌贫？

[①]本辑录编者注：该诗选自董必武法学思想研究会编的《董必武诗选》，中央文献出版社2011年版，第145页。

约辱余及柯孟二君小酌,阻雨未果。辱余以诗来谢,书此答之①

约一九四四年夏

天公不做美,
雨湿阻嘉宾。
杯酒难为乐,
盘飨未足珍。
浮云阴永日,
流水湛长春。
且喜居相近,
佳辰可更亲。

---

① 本辑录编者注:该诗选自董必武法学思想研究会编的《董必武诗选》,中央文献出版社 2011 年版,第 151 页。

读参座①有怀感赋二绝句②

一九四四年七月二日傍晚③

夕阳景好近黄昏,

苦忆江南一叶冤。

敌后几经殊死战,

四年囚系未离樊。

东江人物够相思④,

志在春秋不可移。

希墨两魔相继仆,

蛟龙岂复困天池。

---

①董必武法学思想研究会编的《董必武诗选》第147页编者原注:"参座,指叶剑英参谋长。"

②本辑录编者注:该诗选自董必武法学思想研究会编的《董必武诗选》,中央文献出版社2011年版,第147页。

③董必武法学思想研究会编的《董必武诗选》第147页编者原注:"题注,又名《忆友》。"

④董必武法学思想研究会编的《董必武诗选》第147页编者原注:"东江句,参座原句。"

挽鲁老佛民①②

一九四四年七月五日

太息斯人去,
群嗟翼③北空。
循循儒者态,
侃侃法家风。
虏势成强弩,
舆情赋小戎。
哲嗣能继志,
驱寇慰而翁。

---

①本辑录编者注:该诗选自董必武法学思想研究会编的《董必武诗选》,中央文献出版社2011年版,第148页。

②董必武法学思想研究会编的《董必武诗选》第148页编者原注:"鲁佛民(一八八一——一九四四),山东济南人,一九二六年加入中国共产党。大革命失败后,与组织失去联系,抗战爆发后去延安。一九三八年重新入党。任陕甘宁边区政府秘书,襄办法制。"

③董必武法学思想研究会编的《董必武诗选》第148页编者原注:"翼,敬也。"

挽叶母太夫人①②

一九四四年八月

阅尽沧桑世味知，
苦中乐趣觅无期。
老来况复逢倭祸，
死去犹能葆粤遗。
不再倚闾魂可接，
只增陟屺望馀哀。
生儿已学万人敌，
报国功成献岁时。

---

①本辑录编者注：该诗选自最高人民法院、中共中央文献研究室、董必武法学思想研究会编的《董必武诗稿手迹选》，中央文献出版社2006年版，第27页。

②本辑录编者注：叶剑英的母亲陈秀云，1873年出生，18岁时嫁给叶父叶钻祥，是典型客家妇女，勤劳、能干、俭朴，是下虎形村里有名的贤妻良母。抗日战争时期，日军占领了广东省会广州，国民党广东省机关北迁韶关，当时在广东省财政厅任职的叶剑英的弟弟叶道英与母亲一块迁到韶关，1944年夏，日寇北犯韶关，叶母正患病，为了母亲的安全，叶剑英让弟弟陪老母亲及幼小的子侄赶快回家乡梅县去，不料，痼疾多年且年逾古稀的老人仙逝途中，终年73岁。

寄钱瑛①同志②

一九四四年八月

井梧叶落报新秋，
槛外清江自在流。

---

①本辑录编者注：钱瑛（1903—1973），女，汉族。1903 年 5 月生，祖籍湖北咸宁。曾用名彭友姑、陈萍。1923 年，在族叔钱亦石的帮助下报考湖北女师。1927 年初，在湖北女师，经吴瑞芝介绍，加入了中国共产主义青年团，同年转入中国共产党党员，参加革命工作。1928 年，在上海，结识时任全国海员工会秘书长的谭寿林，10 月，两人结为夫妻。1931 年 4 月，谭寿林被捕，坚贞不屈，于 5 月 30 日在雨花台英勇就义，年仅 35 岁。钱瑛的心头留下了永远的伤痕，她决心不再考虑个人婚姻问题，以完成谭寿林未竟的革命事业。1933 年初，党派她到江苏省委担任妇委工作，不幸被捕。她化名为彭友姑，始终未承认自己的共产党员身份。1937 年"七七"事变后，国共两党实现第二次合作，钱瑛结束四年多的狱中生活，回到党的怀抱。1939 年，担任中共鄂中区委员会书记。是时，湖北省委决定由钱瑛、方毅负责七里坪训练班工作，为抗战训练、提供大批干部。1940 年，钱瑛担任中央南方局驻川康特委代表和川西工委书记。1945 年冬，任中央重庆局（原南方局）组织部部长，在周恩来、董必武、李克农等的领导下，做了大量的组织工作。1946 年，中共代表团由重庆迁至南京，重庆局也改为南京局。钱瑛继续担任中共中央南京局组织部部长。1949 年春，周恩来亲自委派钱瑛担任华中局委员、华中局组织部第一副部长。后来华中局改为中南局，钱瑛本兼各职不变，还兼任了中南妇委书记、妇联主任、中南局纪律检查委员会副书记、中南军政委员会人事部部长。1952 年 11 月，钱瑛奉调到北京中央机关工作，任中共中央纪律检查委员会副书记兼政务院人民监察委员会副主任。1954 年 9 月至 1959 年 4 月，钱瑛担任中华人民共和国监察部第一任部长、党组书记达 5 年之久。1959 年 4 月，钱瑛接替谢觉哉担任国家内务部部长。她是党的第八次全国代表大会代表，全国人民代表大会第一、二、三届代表，第三届全国人大常委。"文化大革命"爆发后，钱瑛被隔离审查，受到残酷迫害。1972 年 4 月，钱瑛确诊患了肺癌，住进北京日坛医院"监护治疗"，不准任何人前往探视。1973 年 7 月 26 日含冤去世，终年 70 岁。

②本辑录编者注：该诗选自最高人民法院、中共中央文献研究室、董必武法学思想研究会编的《董必武诗稿手迹选》，中央文献出版社 2006 年版，第 28 页。

物换星移浑不管,
依然负手独登楼。
六年抗战地常迁,
总念征车未到延。
蓄意动如不羁马,
看书疑是泛虚船。
行人肤施一载过,
整风进步果然多。
钻通辩证法无碍,
天地同流上下和。
嘉岭枫疏延水长,
天高漠漠是秋光。
草间促织鸣何急,
不似琴筝有抑扬。

家馀先生①两正②

一九四四年十月十二日

陪都此际正秋霖，

何幸先生肯惠临。

天欲异乡留雁影，

人于空谷喜蛩音。

孟公好客常投辖③，

仲举荒庭鲜盍簪④。

三子成名俱抗敌，

凯歌归慰老亲心。

---

①董必武法学思想研究会编的《董必武诗选》第152页编者原注："家馀先生，陈毅司令之父。"

②本辑录编者注：该诗选自董必武法学思想研究会编的《董必武诗选》，中央文献出版社2011年版，第152页。

③董必武法学思想研究会编的《董必武诗选》第152页编者原注："孟公句，汉陈遵，字孟公，好客。每宴会辄取客辖投井中，表留客之切。辖者，为固定车轮与车轴位置插入轴端孔穴之销钉。"

④董必武法学思想研究会编的《董必武诗选》第152页编者原注："仲举句，后汉陈蕃，字仲举。《易·豫》：勿疑，朋盍簪。盍，意为合；簪，意为疾。盍簪，群朋合聚而疾来，后常用以指朋友相聚。诗中借指红岩村鲜有友朋聚会。"

颖超同志来信问近作，
书五绝句答之①

一九四四年十一月四日

两岩生活最平常，
种菜观书少少忙。
若问别来何事异，
单身小姐尽成双。

岩上尽多王老五，
胸中都薄寿头三，
不因异地无家感，
仍向寒灰烬处探。

西红柿大甜萝白，
边区多稼又丰收。
送来土物人人爱，

---

① 本辑录编者注：该诗选自董必武法学思想研究会编的《董必武诗选》，中央文献出版社2011年版，第153页。其中第三首曾载董必武著、启功等书《当代名家书董必武诗作品集》，中国文联出版公司1996年版，第42页。

陕北诸凡属最优①。

一从林老到西安,
冲破重关再闭难。
历史车轮向前转,
任何阻力莫能拦。

廉纤秋雨夜萧萧,
独坐题诗颇寂寥。
四载未亲儿女面②,
感君生动笔新描。

---

①董必武法学思想研究会编的《董必武诗选》第154页编者原注:"陕北句,邓初民说重庆连西红柿也不及陕北的大,那有什么可说的呢?邓初民(一八八九——一九八一),湖北石首人。大革命时期曾与董老在国民党湖北省党部共事。长期从事教学和马克思主义的研究。抗日战争和第三次国内革命战争时期,积极参加抗日民主运动和民主党派活动。新中国成立后任全国人大常委会委员,历届政协常委和民主同盟中央副主席。一九六二年加入中国共产党。"

②董必武法学思想研究会编的《董必武诗选》第154页编者原注:"四载句,董老夫人于一九四〇年底带长子良羽回延安,直至一九四四年底董老回延安时,夫妻才又见面。一九四一年出生的女儿良翚已长到四岁。"

答木庵①见赠元韵兼呈林谢二老②

一九四四年十二月十四日

君生湖南我湖北，
彼此无缘谈风月。
民主政治未实现，
空剩昂藏躯七尺。
天下纷纷争雄长，
不嗜杀人者能一。
风云际会信有时，
谁具生花笔五色？
我闻谪仙到延安，
挥毫落纸皆飘忽。
怀安诗社得主盟，
顿现珠宫与贝阙。
文成法立专者精，

---

①本辑录编者注：李木庵(1884—1959)，现代著名法学家、诗人、书法家。原名李振堃，字典武(午)，又名李清泉，化名何樊木，主编《怀安诗刊》，写有《西北吟》、《解放吟》、《窑台诗话》等诗稿。新中国成立后，任中央人民政府司法部党组书记、副部长，中央法制委员会委员，中央法制委员会刑事法规委员会主任委员和全国政协委员。

②本辑录编者注：该诗选自李石涵编的《怀安诗社诗选》，陕西人民出版社1980年版，第197—198页。

神妙直如秋奕奕。
君复希深相唱和①,
三人迭作吟坛伯。
纵读佳篇我震惊,
头缩目呆口吐舌。
边区建设重生产,
我愿参与不为客。
自从九一八而后,
寇凶事急忧锋镝。
国民党治早破产,
听敌所为惧迎击。
被逼抗战将八年,
欲抗不抗何须说。
敌今欲横贯大陆,
逼退盟军胁中国。
中国赖有共产军,
声威动地如辟雳。
自力更生世少有,
驱逐丑虏刃不血。
新民主义正成长,
自是中华奠基石。
丰衣足食语不虚,
四载归来仅一瞥。

---

① 《怀安诗社诗选》编者原注:"君复:林老名号;希深:谢老名号。"

寿沈衡山①七十②

一九四四年十二月二十日

不思成佛或成仙，
直在人间七十年。
更事特多心益慧，
求仁必得志弥坚。
名因救国时遭忌，
法可平权业与缘。
老干繁华开有信，
恰从冬令报春先。

先生风貌最清臞，
梅鹤精神与俗殊。
到处总逢搜石友，
从来不羡执金吾。

---

①本辑录编者注：见《寿沈衡山先生》注。

②本辑录编者注：该诗选自最高人民法院、中共中央文献研究室、董必武法学思想研究会编的《董必武诗稿手迹选》，中央文献出版社2006年版，第29页。

议坛旧角千人敌,
画幅新题百寿图。
已兆期颐增一爵,
如翁矍铄实堪娱。

次稚天韵[①]

一九四四年

吾乡稚天研习文史深有心得，年五十，以所作七律二首见示，雅有唐音，次韵答之。一九四四年。

问道于盲不自师，
欲求入扣思丝丝。
久惭丑拙无佳句，
甘让英华出盛时。
会者不难终要学，
熟能生巧岂徒诗。
吟哦我更迟高适，
骨董同君共所归。

教鞭漫执亦称师，
胡帝胡天愧未思。
误我一生应受罪，
害人几辈实伤时。

[①] 本辑录编者注：该诗选自《董必武诗选》，人民文学出版社1977年版，第28—29页。

虽云欲废文言体,
那敢轻题白话诗。
对此残骸何所恋,
只缘达意即吾归。

感时杂咏①

约一九四四年

果然六月惨飞霜，
只为沉冤未可忘。
重压青年集中训，
屡兴党狱法西方。
小人放肆居高位，
特务横行踞上床。
屏息面墙防偶语，
敢云无怠或无荒。

过得河来拆却桥，
血书史迹怎能消？
建军黄埔谁之助？
逼主白云孰与饶！
仲夏羊群窥武汉，

---

① 本辑录编者注：该诗选自《董必武诗选》，人民文学出版社1977年，第25—26页。董必武法学思想研究会编的《董必武诗选》，中央文献出版社2011年版，第156页对此诗亦有收录，但诗歌内容有所差别，在该诗的第二首与第三首之间还有一首，内容如下："夏夜迢迢苦不风，紧张心似挽强弓。剧怜扑火飞蛾尽，终叹临渊羡鲤空。纵有可违天作孽，颇难得脱自投笼。小知大受从来异，逐市低昂类转蓬。"

长沙马日闹风潮。
可怜革命仍流产，
辜负壶浆又一瓢。

欲守四方歌大风，
飞鸟未尽先藏弓。
万里长城徒自坏，
几番巧计总成空。
江南不让奸通敌，
河北终教豩入笼。
枉费心机顽固派，
廿年政策逐飘蓬。

挽彭雪枫同志①②
一九四五年二月一日

早列红军著令名，
更于抗日展功勤。
苍头特起竹沟鹢，
碧眼同看蚌埠云。
拟合盟邦摧丑虏，
不图中道丧元勋。
沙场战死君何恨，
淮北哀声处处闻。

---

①本辑录编者注：该诗选自最高人民法院、中共中央文献研究室、董必武法学思想研究会编的《董必武诗稿手迹选》，中央文献出版社2006年版，第30页。

②本辑录编者注：彭雪枫，河南省镇平县人，1907年生，1926年9月加入中国共产党。中国工农红军和新四军杰出指挥员、军事家。1934年10月参加长征，任军委第1野战纵队1梯队队长、红3军团5师师长、陕甘支队第2纵队司令员、红1军团4师政治委员。抗日战争爆发后，任八路军总部参谋处处长兼驻晋办事处主任。1938年春调赴河南确山竹沟，任中共河南省委军事部部长，组织训练抗日武装。同年9月组建新四军游击支队，任司令员兼政治委员，领导开辟豫皖苏边区抗日根据地，任中共豫皖苏边区委员会书记。后任新四军第6支队司令员兼政治委员、八路军第4纵队司令员。1941年皖南事变后，任新四军第4师师长兼政治委员、淮北军区司令员，1944年8月执行中共中央关于向河南敌后进军的指示，指挥所部进行西进战役。9月11日在河南夏邑八里庄指挥作战时不幸被流弹打中牺牲，时年37岁。是抗日战争中新四军牺牲的最高将领。

旧历元旦酬廖华同志代柬六绝句用元韵①②

一九四五年二月十三日

世乱匆匆阅岁年，
自忘华发已盈颠。
春风吹破延河冻，
政策从头好共研。

酒井曾闻枉被囚，
未能缓颊只增忧。
何期七载暌离后，
同集乌延庆自由。

东征佳句尽堪传，
两卷西行语亦鲜。

---

①本辑录编者注：该诗选自董必武法学思想研究会编的《董必武诗选》，中央文献出版社 2011 年版，第 162 页。

②董必武法学思想研究会编的《董必武诗选》第 163 页编者原注："廖华，（一九〇三——一九六九），福建莆田人。一九二四年参加中国社会主义青年团，一九二五年转党。先后在莆田、上海党内任职。一九三一年任中共北平市委书记、天津市委委员等职。一九三三年被捕，坐牢四年。抗战期间在延安党校学习。解放战争时期任职于东北。新中国成立后，任福建省文教厅长，政务院参事等职。"

古调莫惭惟自爱,
怀安诗社有人先。

民俗歌谣是正声,
国风变雅见仪型。
表扬先烈宜篇什,
本事相期次第成。

整风而后我知非,
否定中含肯定机。
寡过未能深反省,
客观多少与心违。

延安春日乐晴晖,
舞蹈歌声处处飞。
自力更生衣食足,
三三政制可凭依。

延河水[①]

一九四五年二月二十一日

延河积层冰，
冰下水仍流。
层冰由水成，
反碍水自由。
其中杂尘滓，
更与水为仇。
流水清且柔，
脉脉不自休。
虽无横决意，
遇阻力愈遒。
春来地气转，
冰泮泛芥舟。
尘滓无驻所，
逐水任沉浮。
绿波杳然去，
万里扬轻鸥。

[①]本辑录编者注：该诗选自董必武法学思想研究会编的《董必武诗选》，中央文献出版社2011年版，第164页。

林老元旦团拜即席口占奉和元玉①

一九四五年二月二十六日

中土方呼癸，
边区又有春。
几番吹瑞雪，
同乐集芳晨。
衣钵毛公旧，
规章李老新。
精兵复简政，
仓粟自陈陈。

---

①本辑录编者注：该诗选自最高人民法院、中共中央文献研究室、董必武法学思想研究会编的《董必武诗稿手迹选》，中央文献出版社2006年版，第31页。

寿林老六十初度①

一九四五年三月

百花生日又呼嵩，
此老真成矍铄翁②。
勋业实超韩范上，
须眉略与富文同。
久惭年事差相若，
颇爱诗篇总不工。
周甲献词难掩拙，
一卮春酒笑颜红。

---

① 本辑录编者注：该诗选自最高人民法院、中共中央文献研究室、董必武法学思想研究会编的《董必武诗稿手迹选》，中央文献出版社2006年版，第34页。

② 最高人民法院、中共中央文献研究室、董必武法学思想研究会编的《董必武诗稿手迹选》第160页编者原注："作者自注：用山谷句。"

六十初度[1]

一九四五年三月十六日[2]

扰扰纷纷六十年,
中华国运几推迁。
称王称帝何为者,
呼马呼牛应曰然。
革命风雷群众起,
导师指点契机先。
高标主义新民主,
胜利欣看在眼前。

---

[1] 本辑录编者注:该诗选自《董必武诗选》,人民文学出版社1977年版,第30页。
[2] 本辑录编者注:该诗写作时间从最高人民法院、中共中央文献研究室、董必武法学思想研究会编的《董必武诗稿手迹选》所示。

贱辰六十初度仲弘①同志以诗祝贺次韵答谢②

一九四五年三月十六日

吾爱陈师道,
新诗句句雄。
闭门心若水,
惊座气如虹。
百战劳横槊,
三军倚卧龙。
驱倭过东海,
欢饮一樽同。

六十今初度,
深惭学未成。
书荒欲试剑,
苔异喜同岑。
儒术终身误,
兵家此日邻。
馀生犹可用,
驱策愿当仁。

---

①董必武法学思想研究会编的《董必武诗选》第167页编者原注:"仲弘,陈毅,字仲弘。"

②本辑录编者注:该诗选自董必武法学思想研究会编的《董必武诗选》,中央文献出版社2011年版,第167页。

得愈友兄书并诗数首却寄[1]

一九四五年三月二十二日

李侯文武甚，
蕴藉孰能窥。
喜见诗无敌，
难言命数奇。
酒中仙自乐，
石上虎犹疑。
音问兵戈阻，
开缄敢怨迟。

---

[1]本辑录编者注：该诗选自最高人民法院、中共中央文献研究室、董必武法学思想研究会编的《董必武诗稿手迹选》，中央文献出版社2006年版，第33页。愈友，李愈友，青少年时期与董老同学，曾参加武昌起义。

旅居美国旧金山杂诗①

一九四五年六月十八日夜草于旧金山旅次

巴渝虎列拉②何如？
谨向同仁问起居。
炎夏得无增郁闷？
平心当可略宽舒。
逆流原属寻常事，
前进终为历史车。
大势已趋民主制，
吾华欲外孰能除！

四月居延近夏初，
几回谈往太模糊。
眼前生活皆圆满，
背后思量亦快愉。
至宝不因时令变，
真如岂为色空殊。

---

①本辑录编者注：选自《董必武诗选》，人民文学出版社 1977 年版，第 31—33 页。
②作者原注："虎列拉，即英文 cholera，意为霍乱。"

金门①朗月窥窗隙，
照见离人彻夜苏。

不通言语异邦居，
走马看花愧浅知。
热闹文明夸富丽，
紧张生活斗新奇。
得天独厚非关命，
迁地为良信有之。
彼是此非凭直觉，
感情激动少沉思。

竟是平生一快游，
空行万里总悠悠。
乘风破浪非虚语，
障眼浮云在下头。
欧陆暂无锋镝苦，
东瀛将献寇仇囚。
前途尽有光明路，
莫忘中藏曲折幽。

---

①《董必武诗选》编者原注："金门，指美国旧金山。"

旅居美国旧金山杂诗又一首①

一九四五年六月十八日夜草于旧金山旅次

世界安全要共谋，
橡林建议早绸缪。
主盟坛坫推三国，
荟集衣冠合五洲。
争论中心为委托②，
商量大事不糊涂。
宪章签字施行日，
庶使劳民得小休。

---

①本辑录编者注：选自《董必武诗稿》，文物出版社1979年版，第8—9页。
②作者原注："veto 英文音译，否决也。"

金门遇陈志蘐诗以赠之[1]
一九四五年六月二十六日

天与机缘到美洲,
逢君忽忆廿年游。[2]
中兴名论三篇策,
高卧豪情百尺楼。
志士不辞污马革,
群儿争取烂羊头。
人间何地无渣滓?
次第清除始自由。

---

[1]本辑录编者注:该诗选自《董必武诗选》,人民文学出版社1977年版,第34页。作者原注:"志蘐名其瑗。"

[2]作者原注:"一九二五年识陈君于广州。"

祝熊瑾玎①同志六十寿，用瑾玎同志贺余生日五律三首韵②

一九四六年一月

危行能无变，
南方矫矫强。
仪容常惠霭，
门面鲜夸张。
寿益身弥健，
人和性特刚。
报基方始奠，
搘柱戒毋荒。

抗日军兴后，
常思制胜方。
一心筹纸弹，
决不掉花枪。

---

①董必武法学思想研究会编的《董必武诗选》第175页编者原注："熊瑾玎（一八八六——一九七三），湖南长沙人。一九一八年加入新民学会，一九二七年加入中国共产党。先后在湖北、上海、湘鄂西地区工作。抗战期间，曾任重庆《新华日报》总经理、解放区救济总会副秘书长等职。全国解放后，任政协历届全国委员会委员，中国红十字总会副会长。"

②本辑录编者注：该诗选自董必武法学思想研究会编的《董必武诗选》，中央文献出版社2011年版，第174页。

廉价供消息，
精工作报偿。
寿星今已见，
器宇自轩昂。

五老衡湘萃①，
堪称党国光。
有情皆跌宕，
阅世几兴亡。
术可传郭玉②，
诗能学晚唐。
兕觥齐上寿，
欢乐意何长。

---

①董必武法学思想研究会编的《董必武诗选》第175页编者原注："五老句，徐特立、谢觉哉、林伯渠、李六如、熊瑾玎五同志，都是湖南人，当时年皆在六十以上。"

②董必武法学思想研究会编的《董必武诗选》第175页编者原注："郭玉，东汉人。学方诊六征之技，和帝时为太医丞，多有效应。见《后汉书·郭玉传》。"

散 步[1]

一九四六年五月候机还都寓居红岩

缓步溪边野草深，
葡萄结子绿垂阴。
红岩暮景尤宜夏，
桥上看云出远岑。

---

[1]本辑录编者注：该诗选自董必武著、启功等书《当代名家书董必武诗作品集》，中国文联出版公司 1996 年版，第 46 页。

赠饶国模女士①②

一九四六年夏

倭寇侵逼，国府西迁，重庆襟江背岭，为战时首都。远地来人，云集潮涌，吾辈初至此邦，颇难措足。铜梁饶国模女士豪爽好客，于渝郊红岩嘴经营农场，欣然延纳，结庐其间，忽忽八年矣。今当胜利后还都，书二绝志谢。

一

八载成功大后方，
红岩托足少栖皇。
居停雅有园林兴，
款客栽花种竹忙。

---

① 本辑录编者注：该诗选自董必武法学思想研究会编的《董必武诗选》，中央文献出版社2011年版，第177页；又见于董必武著、启功等书《当代名家书董必武诗作品集》，中国文联出版公司1996年版，第47—48页亦收录此诗，无诗序。

② 本辑录编者注：饶国模，1895年生于四川大足县农村一个书香门第之家，黄花岗七十二烈士之一的饶国梁之胞妹。1915年，毕业于成都益州女子师范学校并与同学刘国华结婚。1922年，随夫携子到重庆，因不愿在家当官太太而创办三友实业社，成为重庆著名的女实业家。1930年，买下郊外红岩嘴的土地开办农场。1938年，任重庆妇女慰劳会的劳动部长。1939年，将红岩村的房屋提供给八路军办事处，为掩护党的工作作出重大贡献。1948年初，曾经中共重庆地下党批准为秘密党员（后失去关系）。1949年重庆解放后，被任命为西南军政委员会监察委员。1954年当选第二届全国政协委员，迁居北京。1960年因脑溢血去世。

二

八年抗日庆功成，
托庇红岩屋数楹。
雨暴风狂都过了，
最宜人是快新晴。

贺卢母刘太夫人七旬大寿[①]
——代朱总司令作
一九四六年九月三日

懿德西南重，
闺门轨范存。
博施传道路，
得报在儿孙。
秋菊铭长寿，
春椒须湛恩，
执戈随哲嗣，
寇退奉牢盆。

---

① 本辑录编者注：该诗选自董必武法学思想研究会编的《董必武诗选》，中央文献出版社2011年版，第179页。

哭陶先生①

一九四六年十一月三十日②

敬爱陶夫子,
当今一圣人。
方圆中规矩,
教育愈陶钧。
栋折吾将压,
山颓道未伸。
此生安仰止,
无复可归仁。

---

①本辑录编者注:该诗选自《董必武年谱》编纂组编的《董必武年谱》,中央文献出版社2007版,第261页。最高人民法院、中共中央文献研究室、董必武法学思想研究会编的《董必武诗稿手迹选》中题目为《哭陶行知先生》。

②本辑录编者注:《董必武年谱》中,该诗的写作时间为1946年7月26日。最高人民法院、中共中央文献研究室、董必武法学思想研究会编的《董必武诗稿手迹选》中时间则为1946年11月30日。现从后者。

祝朱总司令六秩荣寿①
一九四六年十一月

虎略龙韬尽革新，

半生戎马为人民。

河山破碎劳收拾，

田土纠纷要试均。

欲挽狂澜于既倒，

不随流俗与同沦。

存雄是谓能行健，

合有春秋似大椿。

革命将军老据鞍，

豺狼当道敢偷安。

骨头生若铁般硬，

胸次真如海样宽。

---

①本辑录编者注：该诗选自《董必武诗选》，人民文学出版社 1977 年版，第 35—36 页。原载于《新华日报》1946 年 12 月 1 日第二版。朱德有诗和曰："大好河山应革新，推翻封建属人民。乾坤锦绣欣同有，肥沃原田惠不均。六十于今多扰攘，期年以内望清沦。平分广土归耕者，栽编神州满地椿。"又曰："历年征战未离鞍，赢得边区老少安。耕者有田风俗美，人民专政天地宽。实行民主真行宪，只见公仆不见官。陕北齐声歌解放，丰衣足食万家欢。"（选自中共中央文献研究室编的《朱德传（修订本）》，中央文献出版社 2006 年版，第 672—673 页）

要作主人不作客,
甘为民仆耻为官。
乌延①黎庶欣公健,
此日江南一例欢。

---

① 《董必武诗选》编者原注:"乌延,古地名,在今陕西横山县南。"

贺徐特立七十生日①

一九四六年十二月十七日②

长沙徐老强哉矫，

七十依然傲雪霜。

至大至刚能善养，

如山如阜浩难量。

诲人不倦温而惠，

好学无厌③耄未荒。

鼛鼓声中遥祝嘏，

石头城北望清凉。

---

①本辑录编者注：该诗选自最高人民法院、中共中央文献研究室、董必武法学思想研究会编的《董必武诗稿手迹选》，中央文献出版社2006年版，第41页。

②最高人民法院、中共中央文献研究室、董必武法学思想研究会编《董必武诗稿手迹选》第162页编者原注："作者自注：十二月十九日。"

③最高人民法院、中共中央文献研究室、董必武法学思想研究会编《董必武诗稿手迹选》第162页编者原注："作者自注：平读。"

贺吴老六十有八寿辰[1]

一九四六年十二月二十三日

吴头楚尾接川东，

异地相望两老翁。

且喜添筹身益健，

却嫌举爵意难通。

螳螂枉自频伸臂[2]，

桧柏依然不受风。

杖履[3]所之春必在，

先生忧国[4]愿年丰。

---

[1] 本辑录编者注：该诗系作者为"延安五老"之一吴玉章六十八寿诞而作的贺寿诗。原载《新华日报》1946年12月30日第四版"新华副刊"，题为《贺吴老六十有八寿辰》。选自董必武著、启功等书《当代名家书董必武诗作品集》，中国文联出版公司1996年版，第49页；又见于董必武法学思想研究会编的《董必武诗选》，中央文献出版社2011年版，第183页，题为《贺吴玉章六十有八寿辰》。《吴玉章诗选》(四川人民出版社1983年版，第29—30页)也有转载，题为《玉章同志六八华诞之庆》。

[2] 本辑录编者注：《吴玉章诗选》在此处作"申臂"。

[3] 本辑录编者注：《新华日报》1946年12月30日第四版"新华副刊"及《董必武诗选》第183页在此处作"杖屦"，《吴玉章诗选》在此处作"杖履"。

[4] 本辑录编者注：《吴玉章诗选》在此处作"爱国"。

附：吴玉章

答谢董老寿诗[①]

庄诵新诗志益雄，
破曹犹必借东风。
猪仔议员真可笑，
沐猴总统竟成功。
祸起萧墙惊燕市，
义伸政协震江东。
旦喜渝城千万众，
愤燃烈火遍山红。

---

①本辑录编者注：载《吴玉章诗选》，四川人民出版社1983年版，第28页。

读《逸民诗草》兼与胡君话恽方邓遇难①②
一九四六年十二月三十日

阅遍沧桑感慨多,

满怀抑郁发高歌。

铁窗自异人间世,

金鉴难饶鬼魅魔。

话到故人声欲绝,

记来往事语无讹。

樽前共忆恽方邓,

信是坚贞永不磨。

---

① 本辑录编者注:该诗选自最高人民法院、中共中央文献研究室、董必武法学思想研究会编的《董必武诗稿手迹选》,中央文献出版社 2006 年版,第 43 页。

② 本辑录编者注:胡君,胡逸民,《逸民诗草》是他的诗集。胡逸民,浙江永康人,早年参加同盟会,追随孙中山先生反清,曾担任过国民革命军军事法官,历任过江西高等法院院长、南京中央军人监狱、徐州军人监狱的监狱长等职。1933 年因"通共嫌疑"被关进南昌北营坊看守所,与方志敏成为"狱友",方被害前,将《可爱的中国》等手稿托胡转交鲁迅先生。后胡逸民经国民党元老于右任的营救获释。1936 年 11 月,胡赴上海,但鲁迅已于一个月前病逝。经过一番周折,找救国会章乃器先生,经章乃器、宋庆龄等先生努力,方志敏烈士留下的《可爱的中国》《清贫》和《我从事革命斗争的略述》等手稿终于送到延安。抗战胜利后,董必武来到南京,胡逸民就成了董必武单线联系的一个重要关系。1946 年 12 月,国共两党谈判破裂在即,形势十分严峻,董必武在南京秘密约见胡逸民。董必武询问了胡的近况,并向他了解恽代英、方志敏、邓演达在狱中的情况。胡逸民曾是方志敏的"狱友";而邓演达和恽代英则是 1931 年在南京中央军人监狱遇害的,其时,胡逸民任监狱长。胡逸民详细讲述了三位烈士大义凛然、英勇就义的情况,令董必武唏嘘不已。临别时,胡逸民将自己的诗集《逸民诗草》赠送给董必武。送走客人,董必武心潮久久不能平静,写下这一诗篇。参见刘明钢、金敏求著的《追忆"恽方邓":董必武诗作〈读逸民诗草〉背后故事》,载《光明日报》2011 年 1 月 13 日。

遥寄觉生之灵①

一九四六年②

沧桑世事竟何悲，
故宅唯余劫后灰。
珍重一声成永诀，
抚心令我总依依。

---

①本辑录编者注：该诗选自董必武法学思想研究会编的《董必武诗选》，中央文献出版社2011年版，第186页。觉生，董老的弟弟。早年曾参加革命，后因家室拖累，返回家乡，任教于中学。

②董必武法学思想研究会编的《董必武诗选》第186页编者原注："题注，觉生病逝于一九四六年二月。"

题家康[①]长句[②]

一九四七年二月十一日

去年二月十日重庆校场口发生特殊分子殴人惨案,今年二月九日沪上劝工大楼又有特种人凶殴爱国人民惨案,北方战祸,沪上金潮,哀我孑遗,忧心如捣。家康同志索字,题一长句付之。

[①]本辑录编者注:家康,陈家康。陈家康(1913—1970),湖北省广济县(今武穴市)人。原名陈宽,曾用名陈有容。1935年加入中国共产党。曾任上海市学生运动委员会委员、中共江苏省委军事委员。中共七大候补代表。1938年1月调任中共中央长江局秘书、周恩来的秘书兼英文翻译。1939年4月后任中共中央南方局外事组副组长、党派组成员。1940年12月后任南方局对外宣传组副组长。1944年4月奉调回到延安,参加接待中外记者参观团的工作。同年7月任中共中央军委外事组科长,参加接待到延安考察的美军观察组。1945年4月以秘书身份随中国代表团成员、中共代表董必武到美国旧金山出席联合国宪章会议。参与撰写3万余字的《中国解放区实录》译成英文发表。同年11月赴伦敦出席世界青年大会,被选为世界青年联合会执行委员。1946年5月至1947年3月任中共(南方)工作委员会外交事务委员会委员、联络处负责人,中共南京局上海工作委员会委员,并担任中共上海发言人。1947年3月国共谈判破裂后撤回延安,奉命代表中国解放区青年联合会出席在捷克斯洛伐克召开的第一届世界民主青年大会,在会上当选为世界青联执行委员,并留青联工作。1948年春参加世界青联派出的代表团,出访芬兰、瑞典、挪威、丹麦等国。1949年,陈家康还是任廉儒的直接联系人,负责传递任廉儒由郭汝瑰处获取的情报。1949年4月出席中国新民主主义青年团第一次全国代表大会,当选为团中央候补常务委员、联络部部长。5月任中华全国民主青年联合总会常务委员、副秘书长。同月至9月任中共中央青年工作委员会候补委员。新中国成立后历任青年团中央委员、团中央联络部副部长,外交部亚洲司司长、部长助理,驻埃及大使兼驻也门公使,外交部副部长等职。"文革"中遭受迫害,1980年恢复名誉。

[②]本辑录编者注:该诗选自最高人民法院、中共中央文献研究室、董必武法学思想研究会编的《董必武诗稿手迹选》,中央文献出版社2006年版,第44页。题目是编者拟的,原题目改作诗序。

场口横行到劝工，
一年仍旧又春风。
燃萁煮豆情何急，
覆雨翻云技已穷。
堪叹饿鸥矜腐鼠，
剧怜猿鹤化沙虫。
沪江波浪兼天涌，
满目疮痍在水中。

挽续范亭先生[①]

一九四七年九月二十一日晨于阜平之广安

代郡多豪杰,
先生更出群。
怀才能拨乱,
许国已忘身。
血迹陵园在,
勋名日月新。
遗书有深意,
易箦亦归真。

同作甘泉寓,
油梨分我尝。
吟诗遣怀抱,
卧病阅风霜。
彻底夷封建,

[①] 本辑录编者注:该诗选自《董必武诗选》,人民文学出版社1977年版,第37—38页。《董必武诗选》编者原注:"续范亭,一八九三年生,山西崞县人。早年参加同盟会和辛亥革命。一九三五年因痛恨国民党卖国投降政策,曾至南京中山陵剖腹自杀,以示抗议,遇救未死。抗日战争时期,曾任我晋绥边区行署主任、晋绥军区副司令员。一九四七年病逝,在遗书中申请加入中国共产党,经中共中央批准,追认为正式党员。"

从头稳立场。
精灵当不没，
山水永增光。

贺总司令六二初度[1]

一九四八年元月卅一日

腊梅花放在春先，
冒雪御寒出旧年。
百万雄兵压敌境，
寻常小队到江边。
指挥若定尔曹失，[2]
谈笑生风欧美传。
自是君身有仙骨，
福如东海寿如天。

---

[1] 本辑录编者注：该诗选自《董必武诗稿》，文物出版社1979年版，第15页。

[2] 本辑录编者注：董必武法学思想研究会编的《董必武诗选》，中央文献出版社2011年版，第200页收录此诗此句为："指挥若定萧曹失。"

戏咏重庆曾家岩周公馆①

一九五八年十一月九日

八年抗日此栖身，
"三打维支"②笑语新。
戴笠为邻居在右，
总看南北过门人。

---

①本辑录编者注：该诗选自董必武法学思想研究会编的《董必武诗选》，中央文献出版社2011年版，第277页；又载董必武著、启功等书《当代名家书董必武诗作品集》，中国文联出版公司1996年版，第66页。

②董必武法学思想研究会编的《董必武诗选》第277页编者原注："三打维支，系英语译音，面包夹火腿也。当时我住一、三两层，二层除进门右边一小部系我住外，全为国民党员居住。"

红岩村题诗[①]

一九五八年十一月十日

一

到底人民胜，

红岩不枉居。

孰论持久战？

谁写败降书？

诸问今皆白，

当时惑未祛。

结庐在虎穴，

纸虎逊黔驴。

二

红岩荒谷耳，

抗日显光辉。

此地多昏雾，

斯人[②]若紫微。

[①] 本辑录编者注：该诗选自《董必武诗选》，人民文学出版社1977年版，第74—76页；又见于《董必武诗稿》，文物出版社1979年版，第41页，以及孙志慧编的《走进南方局》，重庆出版社2005年版，第145—146页。其中，第一首及第二首又见于董必武著、启功等书《当代名家书董必武诗作品集》，中国文联出版公司1996年版，第67—68页。

[②] 作者原注："斯人指毛主席。"

照临星朗朗,
反动想非非。
国运岂侥幸,
工农自握机。

三

抗日须团结,
当途每反之。
励精若图乱,
发奋欲为雌。①
摩擦功夫熟,
经营天下私。
吾人遭迫害,
履险总如夷。

四

执迷顽固派,
读史昧春秋。
错认敌为友,
反将亲作仇。
阋墙兄弟忿,
御侮国家忧。
前辙张②车覆,
而驱来轸遒。

---

①作者原注:"我国成语中有'励精图治,发奋为雄'两句,日寇入侵时,蒋介石不抗日,反主张'攘外必先安内',当时南京有人改成语为'励精图乱,发奋为雌'以讥刺蒋,这两句很流行,诗即用其意。"

②作者原注:"张,指张作霖。"

读《王若飞在狱中》①

一九六〇年十月十六日夜于武昌

黔南一士挺英姿，
出类拔群真理追。
确信人民救中国，
谨尊马列作先师。

斗争岂为监牢限，
指点能将旧俗移。
太息黑查②风雨恶，
殒身同立五人碑。

---

①本辑录编者注：该诗选自《董必武诗稿》，文物出版社1979年版，第66页。这是《董必武诗稿》"目录"中所用的题目，该书第66页中影印的董必武手稿的原题为《读〈若飞同志在监狱〉》。

②本辑录编者注：黑查，即黑茶山。

梅园新村题诗①

一九六〇年十月

南京市同志以中共代表团驻南京办事处为纪念馆，特书四绝句以纪之。一九六〇年十月。

龙蟠虎踞石头城，
统战曾为前哨营。
指点旧居怀往事，
梅园傅厚岗留名。②

团结之中有斗争，
斗争亦为固同盟。
独裁恶性难更改，
毁约残民又逞兵。

抗倭得胜赖人民，
美帝支援蒋背盟。

---

①本辑录编者注：该诗选自《董必武诗选》，人民文学出版社1977年版，第128—129页。
②作者原注："一九三七年中共代表团南京办事处设在傅厚岗。日寇陷南京后，迁武汉，转重庆。一九四六年夏，由重庆还南京，办事处设在梅园新村。"

反蒋必须兼反美,
揭穿双料假和平。

奋起人民解放军,
蒋家天下雪山倾。
两年月半离宁后,①
白下②红旗耀日明。

---

①作者原注:"一九四七年三月七日驻南京中共代表被迫回延安;一九四九年四月二十三日人民解放军解放南京,时期相距为两年一月有半。"

②《董必武诗选》编者原注:"白下是南京的别称。"

再读《王若飞在狱中》(三首选二首)①
一九六〇年十一月二十九日——十二月三日②

狱卒初嫌"共产油"③,
旋闻真理亦低头。
青山夜影如驼伏,
黑狗原形若草柔。
且把监牢作学校,
直将审判对仇雠。
惧民以死民无畏,
贼技黔驴只自羞。

生活从来是斗争,
认真体验即分明。

---

①本辑录编者注:该诗选自董必武法学思想研究会编的《董必武诗选》,中央文献出版社2011年版,第340页。第一首又载董必武著、启功等书《当代名家书董必武诗作品集》,中国文联出版公司1996年版,第82页。

②董必武法学思想研究会编的《董必武诗选》第340页编者原注:"题注,作者附题记云:'这是在广州再读《王若飞在狱中》时写的三首诗,和前一首相距约一月有半的时间,再读时有感即写,三首也非同一时写的。虽然写了四首,并非事先安排要这样写,所以四诗次第是按照写的时间先后,没有什么章法。一九六〇年十二月三日必武记。'"

③董必武法学思想研究会编的《董必武诗选》第340页编者原注:"共产油,国民党污蔑共产党像油一样,谁一接近,就给谁沾一身'共产油'。见《王若飞在狱中》。"

庸夫总欲平平过，
实境偏多曲曲程。
不愿人间拖锁链，
只缘世路尚榛荆。
吼声出自监牢地，
罪犯囚奴挽手行。

读《一二九回忆录》①

一九六一年十一月五日夜枕上口占

大豆高粱忆，
白山黑水沦。
唇亡寒及齿，
心死重于身。
奋起民先队，
清除道上尘。
毋忘一二九，
抗日得回春。

---

① 本辑录编者注：该诗选自董必武著、启功等书《当代名家书董必武诗作品集》，中国文联出版公司1996年版，第91页。

吊赵一曼烈士[①]

一九六三年十二月六日

革命潮声杂鼓鼙,
宜宾静女动深闺。
焉能照旧营生活,
奋起从军弁易笄。

北伐旗开胜未终,
叛徒决策反工农。
招来日寇山东阻,
民族危机迫再逢。

北去南来党命衔,
不因负病卸仔肩。
工农解放须参与,
抗日矛头应在先。

[①]本辑录编者注:该诗选自《董必武诗选》,人民文学出版社 1977 年版,第 185—186 页。《董必武诗选》编者原注:"赵一曼,女,一九○五年生,原名李坤泰,一名李一超,四川宜宾人,一九二六年加入中国共产党。'九一八'事变后,在东北做地下工作,领导当地农民组织抗日自卫队,开展游击战争。一九三六年十月与日本侵略军作战中被俘,在狱中英勇顽强,坚贞不屈。一九三七年七月在珠河(今并入尚志)被杀害。"

抗倭未胜竟成俘，
不屈严刑骂寇仇。
自是中华好儿女，
珠河血迹史千秋。

忆张汉卿[①]

一九六五年十月

翩翩年少竟成翁，
回首辽东霸业空。
敢缚虎狼应有胆，
自投罗网遂无踪。
帐前歌舞迷飞蝶，
岛上羁囚看挂龙。
公子莫悲身世异，
人民犹记救亡功。

[①]本辑录编者注：该诗选自董必武著、启功等书《当代名家书董必武诗作品集》，中国文联出版公司1996年版，第109页。

董必武抗战时期题词与挽词选

题《新华日报》创刊纪念[1]

一九三八年一月十八日

新华日报创刊纪念：

　　拥护抗战到底，为实现民族独立、民主自由、民生幸福的新中国而斗争。

---

[1] 本辑录编者注：原载《新华日报》1938 年 1 月 18 日第三版；又见于《董必武年谱》编纂组编的《董必武年谱》，中央文献出版社 2007 年版，第 129 页。

题《新华日报》世界反日援华大会特刊①

一九三八年二月十二日

文化是民族生命中一种不可磨灭的力量,因此,日寇在灭亡我民族的残酷兽行中,时刻都注意到摧残我国的文化。正因为如此,保卫文化,不仅是文化界同人的任务,同时也是全体同胞的任务。也正因为如此,挽救民族危亡,是全体同胞的天职,尤其是文化人的天职。

---

① 本辑录编者注:原载《新华日报》1938 年 2 月 12 日第四版;又见于《董必武年谱》编纂组编的《董必武年谱》,中央文献出版社 2007 年版,第 132 页。

题学生救国联合会[①]

一九三八年三月二十五日

中国学生救国联合会第二次代表大会开幕纪念：

中国目前统一的学生运动是统一的青年运动的先声。

[①] 本辑录编者注：原载《新华日报》1938 年 3 月 28 日第四版；又见于《董必武年谱》编纂组编的《董必武年谱》，中央文献出版社 2007 年版，第 134 页。

题合作五金厂[1]
一九三九年一月二十五日

在极艰难条件,奠定新中国工业的基础。[2]

---

[1] 本辑录编者注:选自黄淑君、杨光彦著的《抗战时期重庆工人运动刍论》,载黄友凡、彭承福等著的《抗日战争中的重庆》,西南师范大学出版社1986年版,第169页;又见于《董必武年谱》编纂组编的《董必武年谱》,中央文献出版社2007年版,第142页。

[2] 本辑录编者注:黄淑君、杨光彦著的《抗战时期重庆工人运动刍论》一文中写道,"一九三九年一月二十五日,周恩来、董必武、邓颖超等视察专门生产军火的合作五金厂时,都曾题词鼓励。"

题《新华日报》国际青年节特刊纪念[①]

一九三九年九月五日

中国的青年在两年余的抗日战争中锻炼了自己,表现出惊人的英勇,只要全国青年真正团结起来抗日,一定能把日寇驱逐出中国,中国青年的解放与中华民族的解放有不可分离的关系。

[①] 本辑录编者注:原载《新华日报》1939年9月7日第二版;又见于《董必武年谱》编纂组编的《董必武年谱》,中央文献出版社2007年版,第149页。

题《新华日报》五一节特刊①

一九四〇年四月二十四日

全世界无产阶级联合起来反对帝国主义大战,我国无产阶级的具体任务,是团结全国不愿做亡国奴的人们,在蒋委员长领导下抵抗日寇的侵略,消灭汪逆伪政权,建设三民主义的新中国。

---

① 本辑录编者注:原载《新华日报》1940年5月1日第五版。

题五四青年节[1]

一九四一年五月四日

发扬五四的精神,把日寇驱逐到鸭绿江边去,把三民主义的新中国建立起来。

---

[1] 本辑录编者注:原载《新华日报》1941年5月4日第四版。

题国际青年节[①]

一九四一年九月一日

纪念国际青年节：

全世界青年团结起来，打倒法西斯主义，扑灭东方的法西斯是中国青年首要的历史使命。

[①] 本辑录编者注：原载《新华日报》1941年9月7日第四版；又见于《董必武年谱》编纂组编的《董必武年谱》，中央文献出版社2007年版，第169页。

挽张栗原①先生 ②

一九四一年十二月一日

季良③遇害,亦石④病亡,执友渐凋零,西来又哭先生恸;

琴台音沉,鹤楼笛裂,故乡久沦陷,东望弥增远客悲。

——挽中山大学、暨南大学教授张栗原

---

①本辑录编者注:张栗原,曾任中山大学、暨南大学教授,著有《教育哲学》、《教育生物学》等。

②本辑录编者注:该诗选自《新华日报》1941年12月1日第二版。

③本辑录编者注:季良,即李汉俊。李汉俊(1890—1927),湖北潜江人。中国共产党第一次代表大会代表。早年留学日本,接受马克思主义。回国后积极宣传马克思主义,大力推进建党工作,为召开中共一大作出了卓越贡献。1922年回武汉组织学生、工人开展革命活动。1927年被反动军阀杀害,年仅37岁。

④本辑录编者注:亦石,即钱亦石。钱亦石(1889—1938),原名城,字介磐,笔名啸秋、史庐、谷苏、白沙、石颠、巨涛、楚囚等。出生在咸宁县(现咸安区)马桥镇钱家庄一个书香人家。1916年,考入国立武昌高等师范,1920年以优异成绩毕业,被湖北教育厅录用为科员。后在武昌高师附小任教育主任。1924年,由董必武、陈潭秋介绍,加入了中国共产党。大革命失败后,1928年1月,钱亦石根据党的决定,秘密到达日本东京。他在这里精心研读了《资本论》,并和杨贤江、董必武领导了东京留学生中的共产党秘密组织。同年8月,中央决定董必武和钱亦石转往苏联,到莫斯科特别班学习。1930年,他化装成铁路工人回到上海,开始从事文化活动。1932年起,钱亦石经中共党组织的联系,被上海法政学院和暨南大学聘为教授,主讲《中国外交史》、《现代教育原理》等课程。1936年至1937年,任中国社会科学家联盟党团书记、中国左翼文化界总同盟成员、苏联之友社党团书记,还与邹韬奋等人组织全国各界救国联合会。八一三淞沪抗战爆发后,根据周恩来的指示,钱亦石担任第八集团军服务队少将队长,率领30多位作家、艺术家奔赴抗日第一线,动员沪杭线地区人民,实行军民联合抗战。因忘我工作,积劳成疾,于1938年1月29日在上海不幸病逝,享年49岁。2月27日,武汉各界在汉口举行隆重的追悼大会,毛泽东、周恩来、朱德送的挽联上写着"哲人其萎",表达了对钱亦石深切的悼念之情。

题迁川工厂出品展览会①

一九四二年元旦

集合西南各种工业之大成,表现我国抗战建国力量之雄伟。②

---

① 本辑录编者注:选自王福琨、邓群主编,中共广西壮族自治区委员会党史研究室编的《中共中央南方局的统一战线工作》,中共党史出版社2009年版,第217页。

② 本辑录编者注:据《中共中央南方局的统一战线工作》第216—217页所述,为展示迁川工厂的雄厚实力,迁川工厂联合会于1942年元旦,在重庆牛角沱生生花园举办了为期15天的"迁川工厂出品展览会"。中共驻渝代表周恩来、邓颖超、董必武等前往参观,甚为赞叹,并题词鼓励。

题《新华日报》儿童节特刊①

一九四三年四月四日

儿童节特刊。

---

① 本辑录编者注：原载《新华日报》1943 年 4 月 4 日第四版。

挽张仲仁①②

一九四三年十一月六日

反封帝制,拥护共和,竟以去就,争大节凛然不可犯;
江汉朝宗,巴渝读诔,倍增生死,感高山仰止曷胜悲。

---

① 本辑录编者注:原载《新华日报》1943 年 11 月 6 日第四版。
② 本辑录编者注:张仲仁(1867—1943),名一麐,少字峥角,进入民国后,他取号民佣,自许为人民的公仆,又有笔名江东阿斗、大圜居士等。张仲仁是苏州有名的巨绅,在清末,他中了经济特科的第二名(相当于榜眼),民国初年就任教育总长,20 世纪 20 年代初辞官归里,与李根源等创立了善人桥新村。"九一八"事变后,创办《斗报》周刊,主张抗日救国,其间,东吴大学还授予他法律博士学位。1937 年抗战爆发,张仲仁冒着炮火到南翔劳军,回到苏州又积极组织地方人士抢救伤兵,救助难民,收容难民一度达到十万余众,设立了 24 家伤兵医院,都是自己慷慨解囊,同时号召大家有钱出钱,有力出力。苏州沦陷时,张仲仁在大家的帮助下,剃发改装,扮作僧人在穹隆山的寺庙里隐居起来。隐居不久,听说日本占领军正四处打探他的消息,情况紧急,他连夜绕道南通到达上海租界。在上海,他对友人说:"国家弃我,我不弃国家,我年已七十,于名于利已经没有什么贪图了。我们不能辜负生我养我的家乡,更不能辜负自己的国家,不管是留在沦陷区,还是远赴重庆,希望大家为祖国尽心尽力。"他历尽千辛万苦,终于在 1938 年春辗转来到昆明。1943 年 10 月在重庆逝世,死后归葬苏州。

题柳亚子[1]

一九四五年十二月[2]

推倒一世之豪杰,扩开万古之心胸。

---

[1] 本辑录编者注:选自张明观著的《柳亚子传》,社会科学文献出版社1997年版,第522页。

[2] 本辑录编者注:张明观著的《柳亚子传》第521—522页详细叙述了这次题词的背景:1945年10月,柳亚子决定东返上海。12月,自沙坪坝迁城内,暂寓机房街宁邨2号毛啸岑寓所,待机飞沪。是时,在延安和重庆的共产党人,纷纷为其纪念册题词。因此推定该题词之时间为1945年12月。

题《新华日报》八周年纪念[①]

一九四六年一月十一日

新华日报八周年纪念：

为和平民主团结统一繁荣的新中国而奋斗！

[①] 本辑录编者注：原载《新华日报》1946年1月11日第五版；又见于《董必武年谱》编纂组编的《董必武年谱》，中央文献出版社2007年版，第240页。

题十九路军抗日十四周年①

一九四六年一月二十八日

抗日先驱②。

---

① 本辑录编者注:选自《董必武年谱》编纂组编的《董必武年谱》,中央文献出版社2007年版,第243页。

② 本辑录编者注:据《董必武年谱》第243页所述,1946年1月28日,董必武和吴玉章应邀参加陈铭枢为纪念上海"一·二八"淞沪抗战十四周年举行的招待会,董必武为十九路军抗日十四周年题词:"抗日先驱。"

题《人民报》[1]

一九四六年三月四日

人民呼声。

---

[1] 本辑录编者注：选自《董必武年谱》编纂组编的《董必武年谱》，中央文献出版社2007年版，第247页。

题《七七日报》[1]

一九四六年四月一日

和平民主团结统一是我们的国策。

---

[1] 本辑录编者注：选自《董必武年谱》编纂组编的《董必武年谱》，中央文献出版社 2007 年版，第 251 页。

题赠廖梦醒①

一九四六年八月廿一日

把心思才力寄放在为人民服务上面,则境遇顺逆地位高低都不成问题。

——梦醒吾妹

①本辑录编者注:选自李湄著的《梦醒:回忆我的母亲廖梦醒》,中国工人出版社2004年版,第227页。

挽陶行知[1]

一九四六年十二月一日

当今一圣人[2]

---

[1] 本辑录编者注：选自《董必武年谱》编纂组编的《董必武年谱》，中央文献出版社2007年版，第275页。另据安徽省陶行知教育思想研究会编的《陶行知一生》，湖南教育出版社1984年版，第358页所述，该挽词为"当今圣人"。

[2] 本辑录编者注：据《董必武年谱》第275页所述，1946年12月1日，董必武、沈钧儒、罗隆基等二千余人参加在南京举行的陶行知遗体公葬仪式，董必武手书挽诗挂在陶行知灵柩前，称颂陶行知为"当今一圣人"。

题《新华日报》九周年纪念[1]

一九四七年一月十二日

新华日报九周年纪念：

说老实话，为老百姓说话，让老百姓讲他们自己的话。新华报继续执行这种方针！

---

[1] 本辑录编者注：原载《新华日报》1947年1月12日第二版；又见于《董必武年谱》编纂组编的《董必武年谱》，中央文献出版社2007年版，第281页。

附录：
董必武抗战时期的其他文献

董必武与陈独秀之谈话①

一九三七年九月

这天早上,天淅淅沥沥下起小雨,……有人在院子里高喊:"仲甫②先生,你看看我把谁带了。"……陈独秀一愣,喜出望外地说:"原来是壁伍③兄,一别十年不见,……"

……

董必武道:"我这次是受润之之托,专程前来拜访。"

陈独秀感慨地说:"谢谢润之还记得我这位老朽。"

董必武又道:"不知仲甫兄对今后有何打算?"

陈独秀不假思索地说:"鄙人一生所求,大半失败,还能有何新的打算?这次出狱后,本想效仿陶渊明,找处山野陋室,隐居起来做些学问,从此再不过问政治。无奈国家兴亡,匹夫有责,我只能尽我所能,倾我所力,投身抗日救亡之运动。这也是我义不容辞的责任。"

"仲甫兄的赤子之情,国人皆知。你托罗汉先生带给中央的抗战七条纲领我已拜读,受益匪浅,觉得和中共所决定的路线并无不合,说明我们在抗战问题上还是有共识的。目前,我四万万同胞处于水深火热之中,没有理由不

---

① 本辑录编者注:该文选自陈璞平著的《陈独秀之死》,青岛出版社2005年版,第49、51页。此次谈话日期大约为1937年9月的某一天。

② 本辑录编者注:仲甫,陈独秀字。

③ 本辑录编者注:壁伍,董必武号。

团结起来一致对外,这是仲甫兄的看法,也是中共中央的基本方针。眼下,抗日统一战线已初步形成,润之和恩来都希望仲甫兄能以国家民族利益为重,抛弃过去的固执和偏见,共同完成我们当年创建中国共产党的宏图大志。"

陈独秀听了十分感动:"我也正有此意,所以才不计前嫌,托罗汉和你们联系,共商抗日大计。"

董必武呷口茶,又诚恳地说道:"你我都是开诚相见的老朋友,有话也就直说了。依弟之见,你写个书面检讨,回党工作吧,中央是欢迎你的,润之、恩来也是欢迎你的。"

陈独秀一听"检讨"二字,马上皱起眉头,从椅子上站起来,在屋里来回走着,半响才说:"回党工作固我所愿,不过唯书面检讨恐难从命。"

董必武劝道:"仲甫兄,你还是那个老脾气,你拒绝当国民党的劳动部长和组织'新的共产党',难道你还拒绝重新回到党的怀抱吗?"

陈独秀认真地说:"壁伍兄,中共是我们当年共同所创,我对它的感情自然非同一般。八年前,我因为反对共产国际路线,被莫斯科开除出党。现在大敌当前,我不计较过去的是是非非,主动向你们伸出友谊之手,可你们非要我陈某人写个书面检讨,才能回党工作,这岂不是证明我过去坚持的主张都是错了吗?我绝不能做无原则的让步。"

罗汉也劝道:"仲甫先生,我看你也别太认死理。中共毕竟是共产国际一个下属支部,润之对莫斯科也要有一个交代。依我看,你就凑合着写一个检讨也未尝不可。"

陈独秀摇摇手,急躁地说:"现在乱哄哄的时代,谁有过无过还在未定之数。不写!有什么好写的!"①

董必武见陈独秀态度坚决,毫无回旋余地,只好道:"仲甫兄,中央并无强行之意,我们只是希望你能站在大时代的前面,以抗日大局为重,拿出革命家的气魄,放弃某些个人成见,不要错过回党工作的机会。希望你一定三思。"

说罢,与陈独秀握手告别。

---

① 《陈独秀之死》原注:"包惠僧:《我所知道的陈独秀》,载《党史资料》1979年第3、5、8期。"

秦邦宪、叶剑英、董必武
关于对南方游击队集中改编的建议致中共中央电①

一九三七年十月八日②

一、关于南方游击区域,应坚决保持其为战略支点,是绝对必须的。

二、但现在各地区之游击队,长期保留在原地区极困难。因为各区实际上无大的根据地,多数系流动之部队,大多数现极分散,一集结则给养无法,继续分散则将消耗力量。各地方军阀均利用这力量补充自己。

三、我们以为,南方各地游击队似以集合成为一个军归八路军指挥为好。

（一）成一整个的力量不致分散。

（二）可直接属我们领导。

（三）补充给养均较好接洽领取。

（四）该军以后仍可要求人员补充区。

（五）使用[集中]时间问题前次我们〈已〉决定。

四、各地方仍可公开与秘密的留一部分武装,保卫小根据地及发展革命运动。

五、游击队、区问题再难拖延,因接济给养大抵都是临时的,天寒棉衣均

---

①本辑录编者注:该文选自中共湖北省委党史资料征集编研委员会、中共武汉市委党史资料征集编研委员会编《抗战初期中共中央长江局》,湖北人民出版社1991年版,第88—89页。《抗战初期中共中央长江局》编者原注:"此电档案件上无上款,从内容上看,是对中共中央书记处1937年10月1日电示的复电。同月18日,毛泽东对此电所提建议作了肯定的复示(见本书第97页)。"

②《抗战初期中共中央长江局》编者原注:"原件无年、月,中共中央档案中注有1937年11月,现月份系编者判定。"

成问题。

六、叶挺事,据他说,恩来第一次在沪曾和他提过这个办法,故他才敢活动。现已委任为新编四军军长,拨发了五万元活动费。他表示,如我们不赞成,他仍可辞职。

七、请考虑此建议并盼复,以便必武回汉交涉。

董 叶 博
齐午①

---

① 《抗战初期中共中央长江局》编者原注:"齐午,即8日11时—13时。"

秦邦宪、董必武、叶剑英
关于叶挺声明完全接受党领导
致张闻天、毛泽东、周恩来电①

一九三七年十月二十一日②

洛、毛、周：

一、叶挺愿前来面陈，已得何③同意，约一二日后即起程。

二、叶已领关防及开办费五万元，【之】尚未呈报就职，待已[赴]延④结果再呈报。

三、各部伙食钱，暂由叶商地方政府维持。

四、叶声明完全接受党的领导。

博 董 叶
十月二十一日

---

①本辑录编者注：该文选自中共湖北省委党史资料征集编研委员会、中共武汉市委党史资料征集编研委员会编的《抗战初期中共中央长江局》，湖北人民出版社1991年版，第99页。
②《抗战初期中共中央长江局》编者原注："原件无年代，现年代系编者判定。"
③《抗战初期中共中央长江局》编者原注："何，指何应钦。"
④《抗战初期中共中央长江局》编者原注："延，指延安。"

董必武与熊向晖之谈话①

一九三七年十二月三十一日

这天②晚上,我③从武昌乘渡轮到汉口,找到八路军办事处。恰好是清华同学于光远值班。蒋南翔不在,董必武同志接见我。我向董老汇报了上述情况。董老高兴地说:这似乎都是巧合,其实基本上符合恩来同志的预想。恩来不知你今晚来,他因事外出,半夜才能回。末班渡轮是十一点,你不必等,不要再来这里,不必见南翔。我把恩来的意见详细告诉你。恩来说,谈一次,要管几年。

董老说:恩来熟悉国民党,熟悉胡宗南,胡在黄埔军校时接近共产党员,后来紧跟蒋介石,成为黄埔系的首脑,他和非黄埔系的陈诚是蒋介石最信赖的人。恩来在陕北同斯诺讲过,说胡宗南是蒋介石手下最有才干的指挥官,比陈诚出色,内心爱国,倾向抗日④。一九三六年九月,恩来亲笔写信给胡宗南,说他在黄埔为先进,以剿共成名,相信他决非勇于内战,怯于对外,劝他促蒋抗日,希望他成为民族英雄。西安事变期间,宋子文到西安同恩来、张学良、杨虎城谈改组政府问题,内定由严重或胡宗南接替亲日派何应钦当军政

---

①本辑录编者注:该文选自熊向晖著的《我的情报与外交生涯》,中共党史出版社2006年版,第8—10页,原题目为《周恩来下闲棋,布冷子》。

②本辑录编者注:即1937年12月31日。

③本辑录编者注:即熊向晖。

④《我的情报与外交生涯》原注:"埃德加·斯诺:《红色中国散记》,江苏人民出版社1992年版,第69—70页。"

部长①。虽未实现,但可说明胡是几个方面都看重的人。胡在淞沪抗战中表现不错,由于蒋的战略错误,伤亡很大,现正扩充部队,延揽人才,他仍将是蒋的重要支柱。

董老说:恩来听说长沙组织去胡宗南部的服务团,立即要蒋南翔推荐一位秘密党员报名参加。针对胡的特点,恩来提出几条,要出身名门望族或官宦之家,年纪较轻,仪表不俗,公开的政治面目不左不右,言谈举止有爱国进步青年的气质,知识面较广,记忆力较强,看过一些介绍马列主义基本原理的书籍和孙中山的著作,肯动脑子,比较细心,能随机应变。南翔推荐了你。恩来和我听了南翔的介绍,认为合适。董老接着说:胡宗南一见面就对你产生好印象,证明恩来的设想完全正确。他要"培养"你,你应接受。董老还说:从胡对你的谈话中,可看出他有抗日积极性,不放弃孙中山国民革命的旗帜,也可看出他对共产党还有戒心。

董老肯定了我对胡宗南及对李芳兰的表态,指出今后仍应持此态度。董老向我讲了大革命失败的主要教训,我党抗日统一战线的形成和发展,以及《中共中央为公布国共合作宣言》的精神实质。董老说:国共合作共同抗日是现阶段的大局、全局。我们从多方面推动、帮助国民党抗日,服务团也可起一些积极作用,但不只是为此而要你参加服务团。目前国共合作形势较好,中央还要努力加强和发展国共合作。至于我们这一愿望能否实现,蒋介石、胡宗南在抗战中会不会反共,还难以断言。恩来经验丰富,主张未雨绸缪,后发制人,先走一步,现在就着手下闲棋,布冷子。你就是恩来筹划的闲棋冷子。如果一直闲着冷着,于大局全局无损;如果不闲不冷,于大局全局有利。这是一项特殊任务,具体要求须根据情况发展再定。

董老说:据南翔介绍,你的主要缺点是比较骄傲,性情急躁。你应努力克服。与此相关,恩来要你特别注意三点:

第一,不要急于找党。现只恩来、南翔和我知道你负有特殊任务。我们将查明胡宗南今后的驻地,设法找你联系。这需要一段时间,不论多长,你都

---

① 《我的情报与外交生涯》原注:"《周恩来选集》上卷,人民出版社1980年版,第70页。"

要耐心等待,不要着急。在取得联系前,你绝不要离开胡宗南部队,而应环绕这一特殊任务,独立决定问题,同你取得联系后,也许不需要你或你不可能发挥特殊作用,你都不要着急,要甘于做闲棋冷子。

第二,隐蔽党员身份,不发展党员,不参与服务团的领导工作,保持不左不右、爱国进步的政治面目,准备参加国民党。要领会中央宣言中提出的"孙中山先生的三民主义为中国今日之必需",以此相机推动胡宗南继续抗日、有所进步,但要做得自然,不要急于求成。如果胡宗南反共,你在表面上要同他一致,像天津萝卜,白皮红心。即使受到进步朋友的误解咒骂,也不要认为丢脸,急于表白,要忍耐,有韧性。

第三,在国民党里,对人可以略骄,宁亢勿卑,卑就被人轻视,难以有所作为,但也不宜过亢。国民党情况复杂,要适应环境,同流而不合污,出污泥而不染。不论何时何地,处事绝不可骄,骄就会麻痹大意出问题,必须谨慎。谨慎不是畏缩。革命者应有勇气,又不可鲁莽。这就要发扬你肯用脑子、比较细心的长处,敢于和善于随机应变。

董老最后说:你已初步取得胡宗南的信任,有了较好的开端,但不要设想一帆风顺。你去的地方可能变成龙潭虎穴。恩来和我送你八个字:"不入虎穴,焉得虎子"。

陈绍禹、周恩来等
关于速派干部来武汉致毛泽东等电①

一九三八年一月十五日②

毛、洛、张、康、陈、凯③：

我们每日与各方的接洽外，还有长江局下各省党和军事及群众工作的讨论和指导，《新华日报》和《群众》周刊的撰稿和审稿。外面有十个以上的训练班，有我们的人教课，许多学校和团体要我们演讲，我们自己还办了一个短期职工训练班，也要自己教课。因此我们每人每天忙到晚两三点钟还是感觉应付不下来。而许多地方情形最[很]好，只要派几个人去即可在党和军事方面大大发展。因此，请你们务必迅速将我们前此数电所要的军事、政治干部派来，并派几个能负责独立工作且能帮助长江局本身工作的人来。否则，坐失时机，许多工作开展不起来。

陈　周　博　董　叶④
一月十五日

---

①本辑录编者注：该文选自中共湖北省委党史资料征集编研委员会、中共武汉市委党史资料征集编研委员会编的《抗战初期中共中央长江局》，湖北人民出版社1991年版，第140页。

②《抗战初期中共中央长江局》编者原注："原件无年代，现年代是中共中央档案中注明的。"

③《抗战初期中共中央长江局》编者原注："洛、张、康、陈、凯，即洛甫（张闻天）、张国焘、康生、陈云、凯丰（何克全）。康生、陈云，当时任中共中央政治局委员、中共中央书记处书记。凯丰，当时任中共中央政治局候补委员。"

④《抗战初期中共中央长江局》编者原注："博、董、叶，即博古（秦邦宪）、董必武、叶剑英。"

陈绍禹、周恩来等
关于就陕甘宁边区和八路军问题
同国民党交涉情形致中共中央书记处电①

一九三八年一月二十一日②

中央书记处:

甲、边区交涉结果:

(一)管理县份,限于十八县,不允增加。我们继续要求增加西线各地,直达黄河右岸。

(二)边区政府,丁③正、林④副并代理〈正职〉。可发表。各处依省例分民、财、教、建,不允设农工,并要丁派两人做事(此事请考虑)。

(三)边区行政经费,依各县、各行政专员总和,定津贴两万多元。我们要增加〈的经费〉及教育费在外。

(四)保安队编制及经费,依陕、甘、川省原例(见定额),改由省发给津贴。

(五)善后费仍给二十万,不肯加。

(六)确定联络参谋四人,好随彭⑤去。

---

①本辑录编者注:该文选自中共湖北省委党史资料征集编研委员会、中共武汉市委党史资料征集编研委员会编的《抗战初期中共中央长江局》,湖北人民出版社1991年版,第148—149页。
②《抗战初期中共中央长江局》编者原注:"原件无年、月,现年、月是中共中央档案中注明的。"
③《抗战初期中共中央长江局》编者原注:"丁,指丁惟汾,当时任国民党中央常委。"
④《抗战初期中共中央长江局》编者原注:"林,即林伯渠。"
⑤《抗战初期中共中央长江局》编者原注:"彭,即彭德怀。"

（七）补充师名义不肯〈给〉，且不允增经费。我们要彭、叶①与军何②直接解求[决]下列问题：

1. 必须给陕北部队以名义。

2. 必须加经费、米津及临时费。

3. 反对说八路军伤亡少，要求发特赏伤兵费。

各事很明显，蒋③及其左右不愿我们扩大部队，扩大领土，也不愿发枪加钱。现蒋已面告彭，派胡宗南④率六个新补充的师驻陇海、汉中、天水及甘、凉、肃⑤，管理部队，控制弄堂，为朱绍良⑥战区政治部主任。

乙、你们意见如何，请即复。

陈　周　博　彭　叶　董⑦
廿一日

---

①《抗战初期中共中央长江局》编者原注："彭、叶，即彭德怀、叶剑英。"

②《抗战初期中共中央长江局》编者原注："军何，指国民政府军事委员会参谋总长兼军政部部长何应钦。"

③《抗战初期中共中央长江局》编者原注："蒋，即蒋介石。"

④《抗战初期中共中央长江局》编者原注："胡宗南，当时任国民革命军第十七军团（属西安行营）军团长兼第一军军长。"

⑤《抗战初期中共中央长江局》编者原注："甘，指甘谷；凉，指凉州；肃，指肃州，即今甘肃武威、酒泉。"

⑥《抗战初期中共中央长江局》编者原注："朱绍良，当时任国民革命军第八战区副司令长官兼甘肃省政府主席。"

⑦《抗战初期中共中央长江局》编者原注："博、彭、叶、董，即博古（秦邦宪）、彭德怀、叶剑英、董必武。"

陈绍禹、周恩来等
关于就国民党一党专政等问题
同蒋介石谈判情形致毛泽东等电①

一九三八年二月十日②

毛、洛及书记处并朱、彭、任③：

一、周今日见蒋。综合其意见如下：

（甲）对主义、信仰不欲限制各方，尤对孙中山所说三民主义与共产主义并不矛盾，任何人不能修改或反对。

（乙）对各党派并无意取消或不容其存在，惟愿溶成一体（其意仍为一党）。经周说明取消国共两党都不可能，只有从联合中找出路后，蒋答可研究，并约陈、秦等同志再谈。陈立夫经周坚定说明党不能取消后，提出在两党外组织共同加入的三民主义青年团的办法。

（丙）对一党政权不赞成，意仍于延请各方人才参加。

（丁）对《扫荡报》言论，认为不能代表党及他个人。据立夫说，蒋批评了《扫荡报》。陈④表示要各报以后不登载这类文章。能否做到，不得知。

（戊）对边区，借口各县主席、各县长并存，有拖延意。

---

① 本辑录编者注：该文选自中共湖北省委党史资料征集编研委员会、中共武汉市委党史资料征集编研委员会编的《抗战初期中共中央长江局》，湖北人民出版社1991年版，第156—157页。

② 《抗战初期中共中央长江局》编者原注："原件无年、月，现年、月是中共中央档案中注明的。"

③ 《抗战初期中共中央长江局》编者原注："洛、朱、彭、任，即洛甫（张闻天）、朱德、彭德怀、任弼时。"

④ 《抗战初期中共中央长江局》编者原注："陈，指陈立夫。"

（己）对前方增米津五万元即批准，对向雾龙山脉行动部队发款。要八路军抽枪出发。后方缺枪，枪到即发，一视同仁。

（庚）对政治部①副部长仍要周做，周再辞。

二、综观蒋之态度：

（甲）对一党思想仍旧，但目前并无强制执行意，这与复兴社贺、康②等有别。

（乙）对八路军，态度尚好。

（丙）对边区，想拖延。

三、据白③传蒋话，因宋④在港固执，捣乱财政，特令孔⑤请宋来汉任行政院长，孔出洋借款。其他方面亦有此讯。

四、某方⑥有应供给中国二十师武装讯。

陈　周　博　叶　董⑦

灰亥⑧

---

①《抗战初期中共中央长江局》编者原注："政治部，指1938年2月6日成立的国民政府军事委员会政治部，由陈诚任部长。"

②《抗战初期中共中央长江局》编者原注："贺、康，即贺衷寒、康泽。"

③《抗战初期中共中央长江局》编者原注："白，指白崇禧，当时是国民政府军事委员会副参谋总长兼军训部部长。"

④《抗战初期中共中央长江局》编者原注："宋，指宋子文。"

⑤《抗战初期中共中央长江局》编者原注："孔，指孔祥熙，当时是国民政府行政院院长兼财政部部长。"

⑥《抗战初期中共中央长江局》编者原注："某方，指苏联。"

⑦《抗战初期中共中央长江局》编者原注："博、叶、董，即博古（秦邦宪）、叶剑英、董必武。"

⑧《抗战初期中共中央长江局》编者原注："灰亥，即10月21时—3时。"本辑录编者注：此注释原文有错，应为"10日21时—23时"。

挽空捷国殇①

一九三八年二月二十一日

为五千年祖国英勇牺牲，功名不朽；
有四百兆同胞艰辛奋斗，胜利可期。②

---

①本辑录编者注：该文选自《董必武年谱》编纂组编的《董必武年谱》，中央文献出版社2007年版，第132页。

②本辑录编者注：据《董必武年谱》第132页所述，1938年2月21日，周恩来、董必武、叶剑英等代表中共中央及第十八集团军向武汉各界人民在汉口举行的空捷国殇追悼大会送挽联一副，并到会致祭。

叶剑英、博古、董必武就与陈独秀会面事来函①

一九三八年三月十九日

记者先生：

陈独秀在昨天的信上曾涉及我们与他会见事，关于此事，我们有如下的说明，借明真相，而杜招摇。

九月初，陈氏出狱后托罗汉来谈：陈愿回到党的领导下工作，我们因陈为中国托派之领袖，事关重大，应与中共中央商谈决定，故嘱罗汉赴陕。罗离京后，陈又托李××先生来谈：陈氏已与托派决裂，亟欲一见。我们以陈未公开表示政治立场，认为未便。李××先生说：陈氏正欲面向我们声明政治立场，故有博古、剑英与陈氏之见面。当时我们要求陈氏表示对抗日民族统一战线的态度，及脱离托派。并告以托派已成为汉奸，如不公开反对托派一切均谈不上。陈表示赞成抗日民族统一战线政策，但对托派不明确表示态度。事后陈又托人来说：因李××在座，未便无顾忌的说话，要求剑英再和他见一面。会见时，剑英曾要求陈氏公开向全国表示三点：对抗战的态度，对民族统一战线的态度及公开的反对托派之理论与行动。但陈始终不曾实践。

罗汉在陕及返京时，两处均以中共中央的三条件书面交罗。这三项条件是："（一）公开放弃并坚决反对托派全部理论与行动，并公开声明同托派组织脱离关系，承认自己过去加入托派之错误。（二）公开表示拥护抗日民族统

---

① 本辑录编者注：该文选自《新华日报》1938年3月20日第二版，原题为《来函》。

一战线政策。(三)在实际行动中表示这种拥护的诚意。"并说明在上述三条件实现后方能考虑其他关系问题。且再三向罗汉说:托派已成日寇工具之汉奸组织,陈罗必须坚决反对托派的理论和行动,作为先于一切的条件。当时陈已赴汉。必武在汉见陈亦为督促陈氏实行此项条件。然而,陈氏始终不愿公开表示反对托派汉奸之理论及行动,及坦白拥护抗日民族统一战线。

这是三次与陈会见,再三要求陈氏公开声明脱离托派汉奸组织反对托派汉奸行为及拥护抗日民族统一战线之经过,特请加以披露为荷。

叶剑英　博　古　董必武

三月十九日

陈绍禹、周恩来等 关于我担任参政会提案起草工作等情况 致毛泽东等电①

一九三八年七月一日②

毛、洛、陈、康、朱、彭、项、曾、黄、溪[涂]③：

（赵）对参政会提案，我方担任起草者为保卫武汉问题、军事问题、地方自治问题、保障各党派合法权利问题等，与各方共同拟草者有如何使有钱者出钱问题、如何相当改善民生使有力者能以出力问题、青年训练问题、群众运动问题等。你们对提案有何意见，望速示。

（钱）本日下午四时茶〈话〉会议，参政员一百零二人〈参加〉。汪④宣布开会后，拟对会议只作成介绍大家认识情[性]质。但我方林、董、吴、陈⑤〈和〉沈钧儒、邹韬奋、黄炎培、胡景伊、褚辅成、张君劢⑥相继发言，讨论会议规则、条例及会内工作方法等，使茶会变为有实际内容之会议。尤以〈我〉方正式声明参政会不应有在朝党和在野党之分，刻应谈各党派一致团结、议决抗战建

---

① 本辑录编者注：该文选自中共湖北省委党史资料征集编研委员会、中共武汉市委党史资料征集编研委员会编的《抗战初期中共中央长江局》，湖北人民出版社1991年版，第258—259页。
② 《抗战初期中共中央长江局》编者原注："原件无时间，中共中央档案中注有1938年7月，现日期系编者判定。"
③ 《抗战初期中共中央长江局》编者原注："毛泽东以下为洛甫（张闻天）、陈云、康生、朱德、彭德怀、项英、曾山、黄道、涂振农。"
④ 《抗战初期中共中央长江局》编者原注："汪，指汪精卫。"
⑤ 《抗战初期中共中央长江局》编者原注："林、董、吴、陈，即林伯渠、董必武、吴玉章、陈绍禹。"
⑥ 《抗战初期中共中央长江局》编者原注："沈、邹、黄、胡、褚、张，当时均系爱国人士。"

国问题,以表示中华民族团结,借增国内民众抗战胜利信心和巩固中国国际地位的意见,深得大家同情。现国共及各党派与无党派人〈士〉【现】正努力交换提案及各种问题意见。

陈 周 博 凯 林 吴 董 邓①

---

① 《抗战初期中共中央长江局》编者原注:"博、凯、林、吴、董、邓,即博古(秦邦宪)、凯丰(何克全)、林伯渠、吴玉章、董必武、邓颖超。"

我们对于国民参政会的意见①

一九三八年七月五日

国民参政会将于日内开会。我们七个中国共产党员被选任为参政员,中国共产党中央委员会已正式决定我们七人接受政府聘请加入国民参政会。因此,许多新闻记者、参政会同人、各地共产党同志及各方友好纷纷垂询我们对于国民参政会的意见,特共同发表如左之申明。

在目前抗战剧烈的环境中,国民参政会之召开,显然表示着我国政治生活向着民主制度的一个进步,显然表示着我国各党派、各民族、各阶层、各地域的团结统一的一个进展。虽然在其产生的方法上,在其职权的规定上,国民参政会还不是尽如人意的全权的人民代表机关,但是,并不因此而失掉国民参政会在今天的作用与意义——进一步团结全国各种力量为抗战救国而努力的作用,企图使全国政治生活走向真正民主化的初步开端的意义。所以,我们——共产党人除继续地努力于促进普选的、全权的人民代表机关在将来能以建立外,将以最积极、最热忱、最诚挚的态度去参加国民参政会的工作。同时,并认为,积极的参加国民参政会的工作,也就是增强保卫武汉及第三期抗战力量的一部分重要工作,也就是促成人民全权代表机关在将来建立的一部分基础。我们代表着中国共产党参加国民参政会,诚恳地愿意在参政会内与国民党和其他各党派以及无党派关系的国民参政员同志们,亲密的携

---

① 本辑录编者注:该文选自孟广涵主编的《国民参政会纪实(上卷)》,重庆出版社1985年版,第76—79页。原载于《新华日报》1938年7月5日第二版。

手和共同的努力,以期能友好和睦地商讨和决定一切有利于抗战必胜、建国必成的具体办法与实施方案,以便能够有效地打击与战胜日寇,并奠定使中华民国走向独立、自由、幸福的新国家的基础。

为达到战胜日寇建立独立、自由、幸福的新国家,那么,首先在军事上必须求得前线作战部队战斗力之加强,敌人占领区域中人民游击战争之大规模的发展及有现代化武装之坚强部队的创立;在政治上,必须改善政治机构,促进省、县、区民意机关之建立,普遍地发动和组织广大民众积极参战;在经济上,必须加紧创建国防工业,调整战时财政金融,提高工农业生产,而同时采取各种有效办法来保障与改善人民生活。而一切军事、政治、经济的改进均有赖于抗日民族统一战线之继续的巩固与扩大。凡此诸项均于中国共产党数年来之文件宣言(如一九三五年《八一宣言》,去年九月发布之《抗日救国十大纲领》,去年十二月《中共中央对时局宣言》,及本党各领导同志及同人等之言论主张)中,反复详述,想已为国人所周知。我们在积极参加国民参政会的工作中,当忠诚地执行本党中央的一切指示,继续地为实现本党抗战时期的各项主张而努力。

国民参政会首届会议开议之际,敌人的铁蹄已走进了中州原野,江淮河汉之间,也弥漫着敌人的炮火,皖赣两湖受着敌骑的威胁,武汉成为敌人急切窥觊的目标。因之,我们认为最急迫的问题莫过于如何保卫武汉与取得第三期抗战的胜利。

目前我们认为最紧急而有待于迅速提出方案以求解决的,大约有下列各问题:怎样动员军力、人力、财力、物力来保卫我们的军事、政治、经济、交通中心的大武汉及有效地进行第三期抗战;如何改革目前流弊百出的征兵制度,而代之以广大的政治动员之征募办法,以期我国军队有充足的民族意识坚定的战士源源补充,同时使创立新军的事业得以迅速而有效地进行;如何采取具体的方法使真能达到"有钱者出钱"的目的;如何保证最低限度人民生活之改善,以期使有力者可以出力;如何普遍的发动民众组织民众,同时在抗战和民主的一般原则下来统一民众运动和民众组织;如何确保人民言论、集会、出版、结社之自由及保证各抗战党派之合法权利;如何能够真正有效的训练青年,使他们能够担当抗战建国的干部底责任,以期克服现在许多青年训练班令青年失望的现状;如何改善各级政治机构,首先是县及其以下的各层机构;如何认真地推行地方自治等等。所有这一切都是全国人民的迫切要求和为争取抗战胜利的必要设施。我们将在参政会内与各方意见相同之人士共同陈述意见和提供议案。

在敌寇猖狂的今日,我前方将士正为维持中华民族的生存独立而浴血的奋战着。在伟大壮烈的民族战场上,我们成千累万的将士,不分党派,不分界限,互相帮助,一心一德的把枪口向着敌人,把自己的热血光荣地汇流在一起。我们相信:在国民参政会的议场中,将与我们民族解放战争的战场上一样,所有的参政员绝不会有"在朝党"和"在野党"之分歧,绝不会有党派门户之偏见争执;相反地,将会不分党派,不分地区,泯除一切隔阂而共同一致地将自己的努力用以帮助抗战最后胜利的争取。因为:国民党临时代表大会所颁布的《抗战建国纲领》,不仅本党认为其战时施政方针与本党在抗战时期的纲领在基本方向上是一致的,而且其他党派亦曾表示赞同。国民政府及其坚持长期抗战争取国家民族最后胜利之国策,亦为全国人士所一致拥护。在这样基础上,我们相信:国民参政会的工作,当可预期于和睦友谊的空气中获得成功。

最后,我们——共产党员的参政员,并不因为国民参政会之未经人民的普选而丝毫推诿在全中国人民面前的应有责任。我们深切了解:国民参政员是人民的公仆,是人民的使者,是人民的代表,我们将忠实地遵循人民的训示和人民的意志而努力工作,我们将确定地为中国人民的意志、愿望和要求的实现而奋斗。我们确信:巩固民族团结,驱逐日寇出境,是中国人民今天最迫切的要求。我们将不倦怠,不畏难,坚定忠诚地为着完满地实现这个最迫切要求而在国民参政会内及会外去努力奋斗。我们希望着全国人民无论个人或团体给我们以训示,给我们以帮助,如果我们有错失,更希望给我们以批评指责。我们希望我们及全体参政员在全国人民的援助督促鼓励及批评之下,能完成国民参政会及每个参政员所负担的神圣的民意机关和人民的代表的职责。

毛泽东　陈绍禹　秦邦宪　林祖涵　吴玉章　董必武　邓颖超

秦邦宪、林伯渠等在国民参政会上
关于建军实施方案的提案①

一九三八年七月十三日②

为着真正准备反攻敌寇和驱敌出境,为着抗战必胜、建国必成,中国今日必须建立新的、政治坚强的、有近代武装的、统一的国防军。这是政府与人民所共同承认的最迫切的任务之一。这一建军的任务,当然不是说脱离现时抗战的环境,抛弃现有的抗战部队,另行单独地建立一些新军,而是要在抗战发展的过程中、战斗的锻炼当中进行建军。【并且】抗战以来,政府已经着手这一工作,但因为注意不够,困难尚大。目前现象,有待于商榷和改正的甚多。现述其主要的理由如下:

(一)我抗战部队虽一般的愈战愈强,但现行兵役法因地方自治未成,流弊滋多。凡新由征兵补充之部队,不论质与量,都较抗战初期原有部队为差。此不利于建军者一。

(二)目前,战区日益辽阔,我因战况紧张,常致调用补充未毕、训练未成之部队加入前线作战,其结果一方面不能完成建军的任务,另方面在战斗中也不能有所成就,甚至因新兵未经训练而影响战斗,徒使富有抗战经验之军

---

① 本辑录编者注:该文选自中共湖北省委党史资料征集编研委员会、中共武汉市委党史资料征集编研委员会编的《抗战初期中共中央长江局》,湖北人民出版社1991年版,第265—269页。
② 《抗战初期中共中央长江局》编者原注:"本件成文时间不详,此系国民参政会讨论该提案的时间。大会讨论后决议:'密送国防最高会议,交军事委员会参考采择。'"

官遭受多数牺牲,队伍损失也超过应有数目。此不利于建军者二。

(三)现时我国军队编制系根据与日寇以同时装备火力作阵地对峙战者。现经一年的抗战的经验,已经证明我军装备火力一时无法赶上与日寇作同等数目之对比;而战略方针更依据敌我情况及地理、经济、交通、政治等条件,一般要以运动战为主,以游击战为辅,必要时配合以阵地战。因此,我军现时之编制颇不适合于上述的战略条件,已为各战场作战将领所公认。举例如"二四制"之师,完全不适合运动战以主力集中于攻击方面的使用。此不利于建军者三。

(四)目前,我国军火来源有限,财政相当拮据,这是建军中的客观困难。但就分配说,一切装备尚不能依据部队可能与将要担任的任务而定标准(如重炮附属于野战兵团,挺进部队缺乏射击战车炮与工兵材料等),财政补给尚未能依据部队重新补充与扩大的条件实行统一补给。此不利于建军者四。

(五)抗战一年,我军战斗经验极为丰富,但我军军官教育、部队教育及新兵训练均尚不[未]根据此种丰富经验制成多数教令和教程,以提高部队教育,尤其技术教练、政治教育成绩更差,以致新训练之军政干部及新兵并无异于平时,而学习的时间又少过平时,致其能力甚弱。此不利于建军者五。

(六)欲使建军成功,必须顾及原有部队之革命军的历史的优良传统。因此,部队补充与〈战〉时指挥均不宜过分改变。且现在师的单位过小(实际不及敌人一旅团的数目),殊不足担当战略任务。若指挥系统再加复杂,层次既多,变动又大,自无法发展其优良传统,则在战斗中将〈出现〉更多不应有之损失。此不利于建军者六。

(七)后方勤务,常因交通运输、医药技术等等困难,影响于伤兵治疗。但因管理不善,责任不严,政治工作之差,致影响伤兵情绪,阻碍伤兵归队,减低部队战斗力之补充者,关系更大。此不利于建军者七。

(八)前项所述军火来源既属有限,而军火购买、运输事权尚不统一,甚至闻有中饱、回扣等情事。国内制造亦因事权分管处置不力,信心不大,尚不能使军事工业生产大量增加。此不利于建军者八。

(九)最后,建军之政治保证,应完全依靠于政治工作之建立与加强。但直至今日，政治工作的制度还未能普遍地确立。许多部队，尤其是新建立的部队，政治工作的组织尚未建立；即〈使〉已有政训处的部队，政治工作也尚未能焕然一新。政治工作干部的训练和培养，还未能看出显著的成绩，以致蒋委员长在政治工作中所主张的"官长士兵化、军队民主化、军队社会化、社会军事化"四个基本口号，尚未为一般政训工作人员所切实奉行。其最主要原因，客观困难固多，但一般政训工作人员不能与士卒同甘苦，不能与军官共死生，成为不能增加政训人员信仰、建立政治工作基础的主要病根。此不利于建军者九。

根据上述九种现象，目前对于建军工作尚须极大之改善。兹特建议具体方案如下：

第一，建军工作，依据抗战的长期性及我军战略方针，应从三方面来进行：（一）对于因抗战而受损失的部队应一般地予以足额的补充，以便继续作战。（二）对于战斗中有特殊成绩的部队，不论其属何系统，应选择二十至三十个师作为建军的基本部队，予以近代装备的补充，训练之成为政治坚强、技术条件高的统一的国防军。（三）派遣到敌人占领地区和被敌人隔断的挺进部队，应允许其依据当前战况和需要自行补充和扩大，以便树立坚强的反攻力量。

第二，关于兵役法，应彻底地改善。凡已沦陷的省区，应无条件实行志愿兵役法；凡半沦陷和邻近沦陷的省区，一般的尚可采用征兵方法，但仍应严格改善征兵组织及其工作。

第三，关于军队的编制，应重新审议。为合于战略要求，似应实行"三三制"。一般的，连的单位应扩大，师的编制应改正，每师属三旅，每旅属三团。在运动战中，一个师可以担任消灭敌人一个旅团（因以三与一之敌我兵力对比，我尚占优势）〈的任务〉。如因减少师的单位〈有〉困难，亦可改为每军属三师，每师属三团，取消旅的单位，确定大的师或小的军成为一个战略单位。编余的师长或旅长，可调至后方重新学习或训练新兵，以便长期抗战中的补充。

第四，关于装备补给，应该以任务为标准。重兵器及机械化部队应多配备于国防基干部队中。补给待遇划齐，统一使用，安心训练，准备大用。野战部队一般的应多配备山炮、迫击炮。

第五，关于教育，应分军官教育、政治干部教育、专门技术人才教育、部队教育、新兵教育五项进行。教育方针应统一。军事教育应多着重于对日抗战的经验、抗战战略战术、游击战术、野外战斗教练、参谋勤务，特别应提高新的技术的教练与学习作风①。政治教育要从三民主义的原则、抗战建国纲领的方针联系到目前抗战形势、国际条件，特别着重于政治工作及民众运动等具体问题。教育计划应采取集体讨论与相互配合。教育方法应着重于启发讨论及实习、参观。学校教员应与前方将领、幕僚定期更换。由学校派人至前线观战，并视察部队教育，以便交换战斗经验。最高统帅部及战区均应有对敌战术研究组，经常检讨敌人的战术及筹议我方对策，起草教令和教程以作教育材料。关于调至后方补充的部队的新兵训练，尤其是机械化的部队，应依照一定计划实施，特别要少教制式教练，多教野外战斗教练，注意政治、文化教育，提高新兵的战斗情绪，非至其训练完成后不应轻易调至前方。

第六，关于纪律，应提倡自觉的纪律，使遵守纪律的范围更加普遍和深入，上下相效，彼此观摩，互相监督，其效力实好过于强迫纪律及打骂制度。同时，应严明赏罚，对下级虽小善必举，对上级虽小过必罚。但亦须注意每个官兵的能力，量才使用，不应使之兼职太多，转至误事或力不胜任，必致犯错，即使责之甚严，亦难生效。

第七，应请于军委会下迅速成立独立部门之军事工业部，集中事权，统一军火购买、制造、运输及对于一切与军事有关之民间企业之指导，并严禁一切贪污、怠工、私贩、破坏等现象，以加强军火生产和输入。

第八，对于后方勤务，特别是对于伤员的治疗及一切伤员、医药和补给之交通运输，应彻底改善，统一指挥，严格检查并加强有系统之政治工作，建立治疗巡查队，以保证火线伤兵能安全地运至后方，在医院中能得到良好的待遇和教育，能迅速治好，重上前线，增强部队战斗力，并提高前线士气。

---

① 《抗战初期中共中央长江局》编者原注："原文如此。"

第九,对于建军最重要的工作,应为政治保证。政治工作制度应普遍确立。政治工作组织应普遍设置,应着重于连队的政治工作〈组织〉的设立。政治干部应重新审查,凡临阵不前与不称职者应一律调换新的。政治干部训练和选择应以其能否依据抗战建国纲领身体力行、刻苦耐劳为标准。一般政治人员之待遇应与士兵差别不大,以节省经费与树立模范作用。政治工作内容应依据蒋委员长的四项口号,在部队中保障命令执行,巩固官长威信,加强士兵教育,改善军民关系,务使官兵一体、军民一致,并注意民众组训和武装自卫及对敌宣传,以彻底改革过去政训工作的不良传统。

以上各项建议均属建军切要之图,敢请付之公决,提交最高国防会议转令军委会迅以施行,实为公便。

提案人　秦邦宪　林祖涵
联署人　吴玉章　胡景伊　杨赓陶
　　　　董必武　曾　琦　黄炎培
　　　　邹韬奋　沈钧儒　彭允彝
　　　　张　澜　王葆真　褚辅成
　　　　陈绍禹　江恒源　程希孟
　　　　郑震宇　邓颖超　冷　遹
　　　　李　璜　杜重远　史　良

中共参政员献金启事①

一九三八年七月二十日

同人②等参政员七月份公费（每人三百五十元，共二千一百元）已全部作为"七七献金"。八月份公费除照章缴纳党费（每人五十五元，共计三百三十元）外，以一千二百元捐助抗大、陕公、党校及延安托儿所（各三百元），其余五百七十元全数捐为救济死难同志遗孤基金。特此申明。

---

① 本辑录编者注：该文选自《新华日报》1938 年 7 月 20 日第一版，原标题为《陈绍禹、秦邦宪、林祖涵、董必武、吴玉章、邓颖超启事》。

② 本辑录编者注：即陈绍禹、秦邦宪、林祖涵、董必武、吴玉章、邓颖超六人。

关于保卫武汉问题，中国共产党湖北省委员会致中国国民党湖北省党部及武汉卫戍区政治部书[①]

一九三八年八月一日

国民党湖北省党部及武汉卫戍区政治部诸位同志：

我们非常的高兴，我们能够在精诚团结共同抗战的基础上，向我们为民族解放而共同奋斗的国民党同志们，来共同商讨关于保卫武汉的问题，这表现着我们伟大中华民族的子孙，全中国不愿作亡国奴的人们，已经为了保卫我们的祖国而团结起来了！

各位同志！我们的家乡——湖北，在中华民族的解放的历史中，曾经表现过光荣的史迹！辛亥革命首义武昌，第一次奠定中华民国的基础，我省革命先进彭、杨、刘诸烈士曾为民族解放洒尽了他们最后一滴血，他们英勇的气概与革命的榜样，始终昭示着我省三千万的同胞。一九二五到一九二七年的大革命也是以武汉为其中心点的，在一九二七年武汉的市民与工人曾经以惊人的勇气，协助北伐军击退了当时盘踞武汉的北洋军阀，表示湖北的人民与武汉市民工人在中国革命历史中间有他光荣的革命传统！

今天我们的家乡，受到敌人进攻的威胁，敌人的铁蹄快要践踏到湖北境地来，我们全国政治、军事、经济、文化、交通中心的武汉，处在危急存亡之秋，

[①] 本辑录编者注：该文选自中共湖北省委党史资料征集研究委员会、中共武汉市委党史资料征集编研委员会编的《抗战初期中共中央长江局》，湖北人民出版社1991年版，第836—838页。原载于《新华日报》1938年8月12日第四版。

家乡三千万父老兄弟诸姑姊妹已处在敌人屠杀与凌辱的野蛮的威胁前面,正彷徨恐惧不可终日,眼见故乡土地,田园庐舍,三楚文物,与美丽灿烂的河山,将受暴敌铁蹄践踏,我鄂中爱国志士与汉江豪杰,以及三千万同胞,均满怀义愤,誓愿执干戈以保卫国土与家乡!由于湖北有长期革命的传统,以及最高统帅对外国记者所表示的"坚守武汉"的决心和"一切奋斗要以巩卫武汉为中心,以达成中部会战胜利为目标"的昭示(蒋委员长"七七"对全国军民的讲演),我们坚决相信只要军事上加紧布置和政治上的迅速改进,保卫湖北保卫武汉的任务是可能完成的。

九江陷落,武汉更加危急,日寇的血腥的魔手已经冲撞着我家乡的门户,快要伸张到我们面前来了,时机没有比今天更紧迫,武汉没有比今天更危急,全湖北人民的安全,没有比今天更受到这样严重的威胁了!今天真是千钧一发的时候,在这样紧急的关头,我们再不能迟疑片刻,再不能因循误事了!

中共湖北省委和湖北全省人民对于湖北省政府和武汉卫戍司令部固然表示信任,但我们对于湖北全省三千万同胞和湖北前途,不能不负责任,今天我们正处万分紧急的时局中间,我们应该加速的动员群众配合军队,协助政府,进行胜利的抵抗敌人的进攻!但是目前情况与我们以及全省人民所希求的还相差很远的距离!民众动员至今没有得到政府积极扶助和领导,许多县政府县党部不但没有帮助民众的组训工作,相反的从各方面来加以阻碍,甚至把积极的救亡分子,横加逮捕(如阳新大冶),成千成万的学生、教师、工人、失业者、市民都志愿舍身报国,但苦于投效无门。许多有为的青年和民众要求参加救亡工作,不是因为生活压迫,就是遭受无理的阻挠,亦不能展其所长。广大农民群众还没有组织起来,所以对于训练他们踊跃从军协助军队作战,没有收到必要的成效。清除汉奸工作做得非常之少,因此日寇侦探能够在武汉活动。凡此种种引起我们异常的焦虑,因为今天的危机,不在敌人进攻的凶猛,而在于我们没有做到"人无分老少"的组织起来,动员起来!

各位同志:保卫我们的家乡,保卫湖北与保卫武汉,我们大家都负有很严重的责任。三千万的同胞与武汉一百万以上的居民,他们无一不希望把湖北和武汉拱卫的像一个金城汤池,保卫得像铜墙铁壁一样,不让暴敌的魔手伸进来抢夺我们财产，奸淫我们的姊妹妻女；他们无一不希望加强我们抗战力量，配合全国各省的同胞英勇斗争，在政府和武汉卫戍司令部领导之下，给侵略者以迎头的打击，以转变我的形势，争取第三期抗战中的胜利。

就第三期抗战形势与全民族解放的利益上看，我们应该坚守武汉与保卫湖北，这些理由已经由我党的领导者陈、周、秦诸同志在《对于保卫武汉与第三期抗战问题的意见书》中已经详细的陈述了！武汉不仅在国内抗战是一个重要的政治、军事、文化、交通的中心，而且在国际上有它重要的影响，在保卫武汉的会战中，对于第三期抗战整个战局有决定的作用。因此，中共湖北省委认为国共两党湖北地方党部对于这一严重的政治任务，应当尽我们一切力量配合着全国的努力去完成！今天谁都不容怀疑保卫武汉保卫家乡，是我们紧迫的中心的责任，问题是在于我们是否能够立即采取担负起这个责任，发动民众运动武装民众自卫力量，巩固和提高前线战斗力，加紧配合各个战线上的行动，只有解决这些具体任务，才能进行胜利的保卫武汉和保卫家乡的任务。

中共湖北省委很诚恳的向国民党省党部及卫戍政治部的诸同志提出今天的紧迫的具体的工作来，我们希望大家一块来商讨共同工作一致为保卫武汉保卫家乡奋斗到底！

什么是今天紧迫与具体的工作呢？

甲、在政治方面：

第一，发动民众运动，迅速成立武汉总动员委员会。历史的事实再三昭示我们，没有广大群众参加斗争是不能取得胜利的，我们今天和全副武装的暴敌进行决死的战争，假若不把千百万的人民动员起来，我们是不能胜利的。武汉以及全湖北的人民都盼望立即组织起来参加抗战，所以我们应该马上成立总动员委员会，吸收武汉各民众团体的代表和各党派的代表参加，在最高统帅和卫戍长官及省政府领导下，具体计划实施一切动员工作。

第二，迅速的组织各职业团体的总组织。卫戍政治部曾公布关于组织各职业团体的决定，我们希望马上成立工会、农会、商会、学生会、文化团体联合会、妇女、青年等团体，我们希望把自从抗战后各界已有民众团体都让他们参加，认真的开始工作起来。这些总的职业团体，应该由职业团体中自己选举有威望的分子参加总领导机关。

第三，马上依照卫戍政治部所决定的，依照工作性质，立即组织各种战时工作队（如：宣传、慰劳、征募、工程、运输、侦察、技术、救护、消防、向导……十大队），已经成立的团体，立即依照这种性质，分别的组织起来，在军政党机关领导之下进行工作，对于这些工作，应该注意解决某些部分失业者参加工作队的生活问题，对于已经开动起来了的工作队应该迅速去领导他们，解决他们的工作困难。

为了成立武汉总动员委员会建立各职业团体的总组织，以及组织各种性质的战时工作大队，我们提议立即召集武汉各职业团体以及救亡团体的代表，并邀请各党派的人士参加来商讨具体办法。

乙、在军事方面：

许多重要战略战术诸问题已为我党领导者陈、周、秦诸同志的论文早已说明了。今天所提的是紧急而又中心的工作：

第一，发动各团体组织多量的慰劳代表团，立即募征一大批物质用品医药分途运赴各前线慰劳鼓励士气，勉为抗敌血战到底！同时发动卫戍区内的农民立即组织起来，在前线上由农会主持经常给军队以慰劳和帮助。

第二，动员农民积极参加工役运输，修筑炮台工事，增修马路，抬运伤兵，配合军队作战，使军队在前线上得到群众的帮助而充分的发扬其战斗的力量！

第三，大量培养医药看护人才，协助政府在较安全地设置医院，有组织的运送伤兵与医疗慰问，在医院中进行有计划的政治工作。

第四，加紧在武汉及其卫戍区中进行壮丁的军事及政治训练，采取一切方法鼓励壮丁参加前线，特别要动员青年团体发动上前线的运动，提出"民族优秀男儿要站在最前线！""参加军队是最光荣"的口号来，使大批的青年，踊跃的奔赴前线，扩大与补充我们队伍。

第五，立即开始组织工人、农民、市民的自卫团体，武装他们以严格的军事训练，对于在业工人的军事训练，应该保证他们在军训期间工资照给。

第六，积极的，整理现有保安团民团以及地方性的武装，加紧其军事训练,特别进行政治教育,卫戍政治部应该派有民族觉悟的有为的青年到这些武装中间去担任其中的政治教育工作,使这些武装在实际上成为正规军作战的有力助力。

第七,在战区和临近战区开始游击战争的布置,准备在敌人占领后,能够将该地区的民众自卫武装及配以适当的正规军发动大规模的游击战争。从军事干部中及有决心打游击青年中招收游击队干部训练班,给以游击战争的军事和政治的训练,以便将来加强游击区域的工作。

在其他方面:

为了进行保卫武汉要使各个战区的作战行动与保卫武汉的战争配合起来,使其他方面有高度的积极活动,牵制敌人以便利于武汉卫戍的部队进行战斗。

为了充分供给前线的需要,应该对粮食与燃料进行有计划的储藏,与有计划的运输,进行广泛的节约,严格惩治贪污! 这是在保卫武汉的战争非常重要的政治与经济的措置!

武汉以东大江南北,一般的说,农产品算是丰富的,我们要号召农民为了保卫自己田地粮食积极参加抗战,要他们把粮食都迁移到离交通线较远的地方去储藏起来免资敌用。

要雷厉风行的进行肃清汉奸的活动,发动群众协助锄奸我们应该组织特别的法庭,吸收民众参加进行严密的侦察与审判严厉镇压(但应防止地方政府借肃清汉奸之名而摧残抗日分子)。

应该动员大批得力的干部到难民中去工作有组织的把他们动员起来,依照他们志愿参加各种工作队"特别动员他们参加军队! 补充前线!"

在这些工作中间,中共湖北省委愿意动员湖北全省党员积极参加,在保卫武汉最艰难与复杂的任务中我们党将勇敢担负自己的工作,我们同志的工作愿意受到政府及群众方面经常的检查。

为了百分的执行最高统帅,国民政府,武汉卫戍司令部及湖北省政府关于保卫武汉的一切军事政治工作,我们诚恳的向诸位同志建议,在动员群众工作和实施保卫武汉的工作计划中,我们恳切愿意和你们经常建立工作上的联系,以增加工作的效能,因此我们提议:

一，两方面的党部及卫戍政治部立即商讨关于动员群众的具体计划。

二，组织经常的联席会议，讨论有关于保卫武汉与保卫家乡的各方面的问题。

三，经常协商国共两党湖北党部在各外县动员群众工作的联合问题。

各位同志，时间急迫不容我们再缓了，野兽似的暴敌，正在大江南北咆哮，鄂东已经受到炮火的威胁，我们的家乡眼看快要临沦敌手，现在我们要起来向家乡父老弟妹大声疾呼："为保卫家乡而战！"为保卫我们祖宗坟墓，保卫田园财产，保卫我们家庭老少而与敌人血拼！今天凡是黄帝后裔三楚的子弟都应该奋然起来抵御暴敌！我们也应该抛弃一切成见团结得像兄弟手足一样去反对我们亘古未有的敌人。各位同志，湖北是我们祖宗陵寝的地方，是我们生长学习的场所，是中国民主革命发祥地，是大革命种植了种子的地方，这块有美丽的田野，壮丽的山河，这块有全国心脏的武汉，这块有千万受过革命的锻炼的民众，这块已经是我们抗战很重要的地带，我们对于家乡对于我们祖国，已经是血肉不可分离的关系，敌人企图要蹂躏我们的家乡，抢夺我们的武汉，中共湖北省委决心动员我们全省党员的力量和国民党同志们一块领导全省三千万民众和武汉一百万的市民为保卫家乡保卫武汉而奋斗到底！

同志们！三千万湖北全省同胞把他们救出于水火登于衽席以免于暴敌屠杀奸淫的希望都寄托在两个大的政党——国共两党的身上，我们两个党部首先尤其要负直接的责任，我们现在肩上负着异常巨大的责任（即领导全省民众参加抗战争取最后胜利的责任），这一责任的完成，就是要依靠国共两党湖北党部的亲爱精诚的团结永远的携手为创造民族独立民权自由民生幸福的新中国而奋斗到底！

此致

民族解放的敬礼

中国共产党湖北省委员会

董必武　郭树勋　郑位三

八月一日

中共湖北省委会致国联大会电[①]

一九三八年九月九日

日内瓦国际联盟大会公鉴：

自日本军阀不顾国际公法、世界正义，武力侵略我国以来，轰炸不设防城市，施放毒瓦斯，至于奸淫、掳掠、焚烧、屠戮种种兽性暴行，惨不忍述。凶残日阀，不仅为中华民族之仇雠，亦且为文明世界之公敌。我四万万五千万同胞十四个月之抗战，固为我民族之生存与独立，而给侵略者以打击，亦所以维持世界之和平。兹当贵会开会时期，恳请大会迅速援用盟约第十七条，对侵略者的日寇，予以有力的集体制裁，使中国抗战能早日获得澈底的胜利。不胜企望之至！

中国共产党湖北省委员会
九月九日

[①]本辑录编者注：该文选自《新华日报》1938年9月10日第三版，原报道标题为《中共湖北省委会昨致电国联大会》。1938年9月9日，武汉五万民众游行，拥护国联援华制日。以董必武、郭树勋为负责人的中国共产党湖北省委，是日向日内瓦国际联盟大会致电。此电文即其原电。

陈绍禹、周恩来等
祝贺新四军建军周年致叶挺等电^①

一九三八年十月二日^②

叶军长、项副军长暨全体指战员同志钧鉴：

负有革命传统之新四军，今日恰为诞生周年纪念日，中共长江局及八路军驻汉办事处同人为此谨遥致热烈之祝贺！

回忆我新四军全体同志，在改编之前，为了民族的独立、解放，为了人民大众的自由、幸福，曾有三年余孤军奋斗之伟绩。其后，由于民族统一战线告成，正式改编为四军，激昂奋发。出师抗战一年以来，我全体同志本民族先锋之立场、模范艰苦之作风，与日本强盗作战于江南、皖北，大旗飘处，日寇胆寒，胜利频传，全国鼓舞。凡此皆我全军同志团结一心英勇奋斗之成果。

兹作为全国第三期抗战保卫大武汉的战争正激剧进行之时，尚希我新四军全体同志加倍努力杀敌，取得更大之胜利与更多之胜利与更大之成功。

专此电达。

陈绍禹　周恩来　秦邦宪
凯丰　叶剑英　董必武　叩

---

① 本辑录编者注：该文选自中共湖北省委党史资料征集编研委员会、中共武汉市委党史资料征集编研委员会编的《抗战初期中共中央长江局》，湖北人民出版社1991年版，第285页。

② 《抗战初期中共中央长江局》编者原注："原件无时间，现时间系编者判定。1938年，当新四军成立一周年的时候，是以10月2日为周年纪念日，1939年起则以10月12日为新四军成立纪念日。"

为抗战到底，宜由本会决议宣言，请政府明令公布，以防反间而定人心紧急动议案[①]

一九三八年十一月一日

自武汉放弃，广州陷落，敌人大放议和空气，谬称与某要人已有接洽，以摇动人心。此种宣传，无非欲分化吾国人心，以致华侨质问，信以为真。夫东四省与平津青济之陷落，皆由和战不定之故。自中政会议决定抗战断无再行屈膝之理，今已至敌人消耗吾国最后牺牲之时期，自非汉奸，谁敢为奴隶牛马?！但涓涓不塞，将成江河，使前线将士灰心，全国人民太息痛恨，即友邦亦有违言。应由本会宣示决心，请政府明令公布，以息狡谋而振士气。为此提出紧急动议，由四十名以上之连署，付诸公决。

提案人：张一麐

连署人：彭允彝、杜秀升、史良、陈经畬、韩克温、林虎、杨子毅、周星棠、胡景伊、梁漱溟、章伯钧、冷遹、马亮、仇鳌、荣照、吴绪华、王造时、孔庚、陇体要、张澜、董必武、邵从恩、许孝炎、朱之洪、沈钧儒、骆力学、周士观、诸辅成、郭英夫、李永新、秦邦宪、刘百闵、李中襄、张君劢、左舜生、徐柏园、张肖梅、王志莘、李鸿文、高惜冰。

[①] 本辑录编者注：该文选自孟广涵主编的《国民参政会纪实（上卷）》，重庆出版社 1985 年版，第 334 页。原载于《新华日报》1938 年 11 月 2 日第二版转载"中央社讯"，原报道标题为《参政会二次大会第五日决议，拥护领袖抗战到底，翁部长文灏报告经济建议，张一麐等提议，参政会应请政府明令公布抗战到底，以息奸谋、振士气》。报道称，国民参政会二次大会于 1938 年 11 月 1 日下午 3 时举行第五次会议，张一麐等 41 人提《为抗战到底，宜由本会决议宣言，请政府明令公布，以防反间而定人心紧急动议案》。这次编录时按《新华日报》原文作了校勘。

加紧全民族团结,坚持持久抗战,争取最后胜利案[①]

一九三八年十一月一日

凶残阴险的日寇,在占领广州武汉以后,不仅加紧对我国的军事进攻,而且利用汉奸敌探,进行各种政治阴谋,对蒋委员长和国民政府,尽力造谣侮蔑;对我全民族团结,尽力挑拨离间。同时,到处散布我国妥协投降的无耻谰言,企图动摇我国之人心和混淆国际的视听。因此,同人等特提议国民参政会第二届大会,代表全国同胞,一致通过下列决议。

(一)蒋委员长为领导抗战建国的民族领袖,国民政府为领导抗战建国的最高行政机关,我全国军民一致信任和拥护。

(二)在抗战严重困难的关头,我国一切抗战的各党派各阶层,更加紧精诚团结,为民族生存和国家独立而亲密友爱的共同奋斗。凡妨碍和危害抗战各党派团结的言论和行动,应受全民族的谴责和纠正。

(三)坚持持久抗战争取国家民族最后胜利,为我国民政府反对日寇侵略的既定方针。全国军民,一致本此方针,继续努力,以求贯彻驱逐日寇出境的最后胜利,一日不达,则对日抗战的行动,绝不中止。日寇汉奸所散布的一切

[①] 本辑录编者注:该文选自孟广涵主编的《国民参政会纪实(上卷)》,重庆出版社1985年版,第331—332页。原载于《新华日报》1938年11月2日第二版转载的"中央社讯",原报道标题为《参政会二次大会第五日决议,拥护领袖抗战到底,翁部长文灏报告经济建议,陈绍禹等提议,拥护蒋委员长和国民政府,加紧民族团结,坚持持久战》。报道称,国民参政会二次大会于1938年11月1日下午3时举行第五次会议,陈绍禹等73人提《拥护蒋委员长和国民政府,加紧全民族团结,坚持持久战,争取最后胜利案》。这次编录时按《新华日报》原文作了校勘。

关于我国妥协投降的造谣,是对我全中华民族的莫大侮蔑。任何人如果有妥协投降的阴谋活动,即等于民族的败类和叛徒,全民族应群起而攻之。

(四)我国军民,誓在蒋委员长和国民政府领导之下,为彻底实现蒋委员长最近所宣布的"持久抗战全面抗战争取主动"的正确方针而奋斗。任何艰苦,任何牺牲,均在所不辞,以求增加抗战力量,克服各种困难。在持久抗战中,争取驱逐日寇出境和建立三民主义新中国的伟大胜利。

提案人:陈绍禹　秦邦宪　林祖涵　吴玉章　董必武　邓颖超

连署人:马　亮　高惜冰　张申府　吴绪华　居励今　左舜生　奚　伦
　　　　王冠英　张　澜　马乘风　张元夫　韦卓民　胡景伊　王葆真
　　　　骆力学　荣　照　邵从恩　邹韬奋　陇体要　张一麐　冷　遹
　　　　周士观　梁漱溟　陈豹隐　孙佩苍　钱公来　王近信　韩克温
　　　　陶行知　李仙根　吴贻芳　杨子毅　褚辅成　于明洲　孔　庚
　　　　罗　衡　王造时　林　虎　史　良　李　洽　杭立武　李元鼎
　　　　仇　鳌　席振铎　朱之洪　张忠绂　彭允彝　许孝炎　杨赓陶
　　　　章伯钧　胡兆祥　杨端六　罗隆基　程希孟　许德珩　沈钧儒
　　　　喜饶嘉错　胡石青　李鸿文　姚仲良　陈　时　谭文彬
　　　　卢　前　张肖梅　郭任生　江恒源　黄同仇

关于克服困难,渡过难关,
持久抗战,争取胜利问题案①

一九三八年十一月

一、目前抗战形势的困难和特点。自广州失陷以来,一方面由于战区扩大和敌军增加,另方面由于沿海沿江的最后的两个最大的中心城市和重要交通线的损失,我国抗战形势已开始进入一个新的严重阶段。此阶段之主要特点,首先在于我国在军事方面(军力不敷分配和应用),物力方面(军火接济,衣食供给,交通运输等),财力方面(收入更减,支出仍增,法币外汇须更加大力维持等)和外交方面(首先是英国在慕尼黑会议时及在远东问题上所采取的对侵略者屈服的政策,及其在国际关系上所生之不良影响),均感受到比前更大更多的困难;同时,与这些困难相伴而来的一部分人的悲观失望情绪的增长和妥协投降企图的加深,更增重了抗战工作的困难。但是,此阶段之特点,还在于不仅我国抗战形势发生更大的困难,同时,敌寇方面也发生比前此更大的困难,其主要困难为:(一)因战区扩大而更加感到兵力不敷分配之苦;(二)因战线延长和军力深入我腹地而更加容易遭受我国军民的随时随地的袭击,打击和消耗;(三)此后敌我作战地区,主要在山岳地带,敌之海军失其

---

① 本辑录编者注:该文选自孟广涵主编的《国民参政会纪实(上卷)》,重庆出版社1985年版,第339—343页。原载于《新华日报》1938年11月7日第二版转载"中央社讯",原报道标题为《国民参政会第二次大会昨闭会,选出驻会委员廿五人,林吴陈三大提案原文——陈绍禹等提关于持久抗战案》。这次编录时按《新华日报》原文作了校勘。

配合作用,空军及机械化部队,也相当减少效力;(四)此后敌军进入到现代交通主要工具(轮船铁道)缺乏的地区,对运兵运械运器材(汽油弹药)运粮发生重大的困难,特别在我游击运动在敌后方及战区大规模发展条件之下,敌寇在这方面将受到严重的打击和损失;(五)因战区扩大战事延长,敌国内人民的反战反法西斯军阀运动,将更高涨;(六)敌国的财政经济将受莫大的消耗;(七)敌在国际上——首先在太平洋上更加孤立而遭受到列强的谴责和敌视。

二、克服困难的主要办法在增加力量。十六个月来我国军民在蒋委员长和国民政府领导之下进行英勇的民族自卫抗战,确实得到了不少的进步和成绩,全国在政治上统一在国民政府领导之下,在军事上建立了统一的国民革命军,各党派各阶层各民族达到空前未有的精诚团结,全国各界人民达到空前未有的民族觉悟和政治觉醒,民族自信心和自尊心空前的提高,全民族一切有生力量经受着空前的锻炼而日益强固,民主政治的基础开始建立,政府与人民的关系有所改善,在我全体军民英勇奋斗中,消耗了敌人五十万人以上的兵力,消耗了敌人百万万以上的经费,缩小了敌人的占领区和在敌军后方建立了许多抗日根据地,增加了敌人国内外的困难,提高了中华民族在国际上的威信和博得了一切先进人类对我的同情和援助。同时,敌寇在十六个月的侵略战争中,完全揭露了其非人残暴的狰狞面目,暴露了其国内外的严重困难和弱点,但是,应当坦白地承认一件事实,就是直到现在,敌人用来侵略的力量依然大过我国参加抗战的力量,我国抗战目前正遭受着严重的困难,因此,全中华民族今天的中心任务,就在克服困难,而克服困难的主要办法,则在于坚决抗战行动中和在现有力量基础上增加力量;而增加抗战力量的唯一办法,在于认真地实行抗战建国纲领的原则规定,以达到军力,物力,财力和外援的增加:

第一,增加军力——其主要办法为:(一)扩充现有军队的数量到适合于各大战区的需要,同时,努力建立三十个到五十个政治坚定武器优良的骨干国防师;(二)改善现行征兵办法,主要地用政治动员和优待抗敌军人家属等办法,使广大壮丁自动地应募应征,以提高军队的质量和战斗情绪;(三)在军队中迅速建立起以达到官兵一体,军民一体,争取敌军为目的的抗战政治工作;(四)以相当数量的正规军帮助民众,在敌后方和战区组织包括千百万人民的游击队;(五)采取运动战游击战为主而辅之以必要的阵地战的战略方针,以疲惫敌人打击敌人消耗敌人和歼灭敌人,使敌人不能继续前进深入。

第二,增加物力——其主要办法为:(一)用一切力量恢复和建立国防工业(从大规模的兵工厂到小手工业的械弹制造和修理等),以保证前线械弹的供给;(二)增加农业生产,提高工业生产,以保证军民的衣食供给;(三)尽一切可能增辟国际交通线及发展国内交通运输事业,首先在便利和保证前线的军火和军需的供给。

第三,增加财力——其主要办法为:(一)增加收入——(甲)认真征收财产累进税和所得累进税,实行按照财产及收入多寡为比例而推销公债的办法,使有钱者出钱的原则,成为实际;(乙)设法使存款外国银行之存户,以一部份资财购买公债或公债金;(丙)设法增加侨胞兑款回国数量及大量劝销公债及金公债;(丁)设法将庙产,祠产及其他公产之一部购销救国公债;(戊)用一切办法奖励国民献金运动;(己)努力进行对外借款和向国际友人方面进行大规模募捐运动。(二)减少支出——(甲)认真推行节约运动,首先须从党政军领导机关及领导人本身做模范;(乙)实行裁并不必要的各种机关,实行按级减俸,逐渐作到衣食住由公家供给,各人只支最低限度的零用费。

第四,增加外援——我国抗战固然主要的以自力更生为原则,同时,国际形势目前亦有相当的困难,但力争外援,仍为增加抗战力量的重要办法之一,目前争取外援之主要办法为:(一)于加紧政府外交活动外,进行广泛有力的国民外交,与各国政府及国际的和各国的劳工团体亲密联络,依据国联最近通过的对日实施盟章第十六条及九国公约规定,对日寇侵略者认真实行经济制裁(不以军火,军事原料供给日寇,抵制日货,拒绝借款给日本政府等),同时,使中国政府得到国际友邦更多的精神同情和物质援助(军火,军事原料医药卫生材料,专门军事技术人才,借款等)。(二)努力保护和开辟国际交通线,以保证能真正得到国际友人的帮助。

只有增加抗战军力、物力、财力和外援,才能克服困难,渡过难关,进行持久抗战,停止敌之进攻,准备我之反攻,以达到争取最后胜利之目的。

三、增加抗战力量的根本办法在于政治更加进步。增加抗战军力、物力、财力和外援的根本办法,在于我国政治在蒋委员长和国民政府领导之下,求得向前更大的进步,目前政治向前更加进步的具体表现应为:(一)四万五千万同胞有组织才能有力量——我国为四万五千万人的伟大民族,客观上的确为世界上最伟大的力量,但是,中外事实证明:仅仅人口众多,并不能成为不可征服的力量,只有将广大民众认真地组织和动员起来,才能成为巨大无比取得事业胜利的力量。抗战建国纲领早已明白规定须要"发动全国民众,组织农工商学各职业团体,改善而充实之",现在已到了必须认真动员和组织工农商学文化妇女青年儿童等群众的时候了,只有将各界同胞都动员和组织起来,才能增加抗战军力,物力和财力,才是克服抗战的一切困难的根本源泉。而动员和组织千万万民众的主要关键,在于政府真正给民众以言论出版集会结社自由,在于政党及政府真正相信和爱护民众,在于政府能体念民众的疾苦而为民众服务。(二)改善行政机构及改善政府与人民之关系——加强中央政府各部门的工作效能,改革省县两级的政治机构,改革区乡保甲制度,迅速成立省市县的参议会,严厉惩治贪污,实行廉洁政治。(三)实行人才主义——在各种政治工作中政府以大公无私的态度,吸收各党各派的人才去担任工作,对他们加以信任,给他们以真正工作权利,只图与抗战建国有利,不计其他,如能将此点做到,则中国政治上一切症结问题,便皆迎刃而解;而增加抗战力量的艰难事业,便也因之而能顺利完成。只有全国军民在蒋委员长和国民政府领导之下,使政治上能有这些进步,才能使抗战力量增加的问题,得到解决的保证。以上所举三点,为同人等对于目前抗战形势之认识及克服困难渡过难关持久抗战争取胜利之管见,特拟具提案提供政府采择参考,是否有当,尚祈公决。

提案人:陈绍禹

连署人:秦邦宪　林祖涵　吴玉章　董必武　邓颖超　张　澜　胡景伊　史　良　张申府　沈钧儒　王造时　仇鳌等

加强国民外交,推动欧美友邦人士,敦促各该国政府,对日寇侵略者实施经济制裁案①

一九三八年十一月

理由:(一)国联对日本侵华战争,虽通过了采用盟约第十六条的决议,但决定各国自由采用,结果恐不生实效,其中症结所在,有因为有自己利害关系不愿意制裁日本者。我政府外交当局虽用极大的努力,终未能突破这些难关,使外交上得到欧美友邦更多的帮助。(二)欧美友邦虽无意实施国联盟约第十六条,但各友邦爱好和平的人民,却自动的决议不买日货和不卖货给日本,这是英国的合作社和援华委员会所进行过了的,英国利物浦的码头工人和坎拿大的码头工人都曾经拒绝为日本船装卸货物,法国工会联合会为援助我国募捐,美国人民节食援助我国,印度人民组织救护队到我国来服务,世界和平大会和青年大会都决议援助我国抗战,这些都是我们开展国民外交极好的基础。(三)本会第一次大会对于外交报告的决议案中在第四项曾指出"今后应在政府指导之下,加强国民外交之活动,尤其注重随时资助社会各界适当人物赴国外工作,并由政府令驻外使领人员,切实协助"。国民外交可补政府外交的不足,这是本会第一次大会所确认的。(四)过去我国虽有个人出

---

① 本辑录编者注:该文选自孟广涵主编的《国民参政会纪实(上卷)》,重庆出版社1985年版,第344—345页。原载于《新华日报》1938年11月7日第二版转载的"中央社讯",原报道标题为《国民参政会第二次大会昨闭会,选出驻会委员廿五人,林吴陈三大提案原文——吴玉章等提加强国民外交案》。这次编录时按《新华日报》原文作了校勘。

外作宣传联络工作，但无组织，无计划，收效不宏，所以我们选派民众的代表，分赴欧美各友邦从事联络。

办法：（一）选派农工商学妇女职业民众等代表及世界知名的人士若干人分赴欧美与各友邦政党民众团体及国际和平组织国际劳工团体切实联络，实现真正的国民外交。（二）民众代表须搜集日寇暴行和我国英勇抗战的事迹，如电影图书照片，歌曲，文字及胜利品等材料，以供各友邦民众的阅览。（三）我国驻在各友邦的使领人员，应随时予上述代表以实际的援助。如能采取上列办法，一新我国国民外交的阵容，则同情我国抵抗侵略的欧美各国友邦，必能予我国人之更广泛更实际的援助，他们的政党社团可以决定不买日货和不卖货给日本，他的工会可以决定不起卸或装运日货，他们更可以敦促其本国政府实行国际条约上所规定的义务如国联会员国实施盟约第十六条，九国公约关系国实行公约等，这于我国坚持持久战，争取抗战最后胜利有莫大的裨益，至于本会第一次大会议决之推派参政员前往欧美各国访问案及扩大国际宣传办法案，应请政府从速一并执行，是否有当，敬祈公决。

提案人：吴玉章
连署人：秦邦宪　彭允彝　林祖涵　董必武　章伯钧　杨赓陶　陈绍禹
　　　　王卓然　沈钧儒　张　澜　许德珩　邹韬奋　杨子毅　黄同仇
　　　　王葆真　韦卓民　王冠英　于　斌　程希孟　邵从恩　马乘风
　　　　朱之洪　史　良　奚　伦　陶行知　高惜冰　胡石青　周士观
　　　　冷　遹　黄元彬　张申府

严惩汉奸傀儡民族叛徒，以打击日寇以华制华之诡计，而促进抗战胜利案[①]

一九三八年十一月

理由：抗战年余，全国军民莫不忠勇奋发，前仆后继，为民族之独立生存而奋斗，不幸有少数丧心病狂之徒，甘为日寇利用，粉墨登场，僭称政府。此辈民族叛徒，本会第一次大会宣言，已明白申斥之为"敌阀之俘囚，民族之败类"。目前因广州武汉相继陷落，日寇阴谋更欲使南北傀儡合流，树立规模更大之傀儡政权，借以蒙蔽世界，并假之以树立其在占领区域之统治，因之，必须对此辈甘心为虎作伥之民族叛徒，加以严惩，此不仅为维持我大中华民族之光荣所必需，抑且为打击敌寇阴谋争取抗战胜利之必要步骤。

办法：（一）国民政府明令宣布一切参加南北及各省傀儡组织之民族败类，削除其国籍，并公告全国人民，人人得诛之。（二）国民政府应明令没收此类傀儡之一切财产，以充抗战经费。（三）对被迫参加伪组织之人员，国民政府应明令劝告限期脱离伪组织，容其自新，否则，即依（一）（二）两项办法严惩之。

[①] 本辑录编者注：该文选自孟广涵主编的《国民参政会纪实（上卷）》，重庆出版社1985年版，第346—347页。原载于《新华日报》1938年11月7日第二版转载的"中央社讯"，原报道标题为《国民参政会第二次大会昨闭会，选出驻会委员廿五人，林吴陈三大提案原文——林祖涵等提严惩汉奸傀儡案》。这次编录时按《新华日报》原文作了校勘。

提案人：林祖涵

连署人：秦邦宪　邓颖超　董必武　陈绍禹　吴玉章　张一麐　吴绪华
　　　　史　良　杨赓陶　李　洽　陇体要　荣　照　骆力学　李元鼎
　　　　席振铎　许孝炎　程希孟　章伯钧　杭立武　朱之洪

悼新华日报及八路军武汉办事处殉难烈士[①]

一九三八年十二月五日

新华日报总馆及八路军办事处一部份同志于武汉撤退时,乘新升隆轮于嘉鱼附近燕子窝遭受敌机惨炸。新华日报馆潘美年、李密林、项泰、程德仁、罗广耀、陆从道、李鉴秋、胡炳奎、王祖德、罗仁贵、潘香如、季履英、胡宗祥、许厚银、李元清、易竟成,八路军办事处张海清、赵兴才、徐挺荣、伍高年、傅世明、韩金山、张清新、孙世实等壮烈殉难。同人等谨致沉痛之吊唁!

陈绍禹　秦博古　吴玉章　董必武　凯丰

[①] 本辑录编者注:该文选自《新华日报》1938年12月5日第四版。

陈绍禹、周恩来等就蒋介石在谈判中
提出国共两党组成一个大党问题给中央的报告①

一九三八年十二月十三日

中央书记处：

　　我们昨见蒋，对六中全会后毛信问题，蒋谈毛信他未见过，后又谈因事多，即或许看过也忘记了。对两党关系问题，他说：共产党员退出共产党，加入国民党，或共产党取得[消]名义将整个加入国民党，我都欢迎，或共产党仍然保存自己的党，我也赞成，但跨党办法是绝对办不到。我的责任是将共产党合并[于]国民党成一个组织，国民党名义可以取消；我过去打你们，也是为保存共产党革命分子合于国民党。此事乃我的生死问题，此目的如达不到，我死了心也不安，抗战胜利了也没有什么意义。所以，我的这个意见，至死也不变的。共产党不在国民党内发展也不行，因为民众也是国民党的，如果共产党在民众中发展，冲突也是不可免。三民主义青年团章程，如果革命需要可以修改，不过这是枝节问题，根本问题不解决，一切均无意义。我们分别解释：一个组织办法做不到。如跨党办法做不到，则可采取我们提议的其他方式合作。蒋答：其他方式均无用。蒋说此问题时态度很慎重，见我们对一个组织问题不同意，即说：绍禹同志到西安时我们再谈一谈。同时，晚间并派张冲来说委员长他太率直，并非说不合并只要分裂，请不要误会。

陈　周　博　吴　董②

---

①本辑录编者注：该文选自南方局党史资料征集小组编的《南方局党史资料——统一战线工作》，重庆出版社1990年版，第4—5页。《南方局党史资料——统一战线工作》第5页后注："原件存中央档案馆。"

②《南方局党史资料——统一战线工作》编者原注："姓名全称是陈绍禹、周恩来、博古、吴玉章、董必武。"

挽王铭章①

一九三八年②

奋战守孤城,视死如归,是革命军人本色;
决心歼强敌,以身殉国,为中华民族争光。③

---

①本辑录编者注:该文选自竞鸿、吴华编著的《毛泽东生平实录》,吉林人民出版社1998年版,第508页。

②本辑录编者注:该挽联发表时间为编者从网上查询确定,网址为http://www.sina.com.cn。

③本辑录编者注:据《毛泽东生平实录》第507—508页所述,因王铭章牺牲,毛泽东、陈绍禹、秦邦宪、吴玉章、董必武为其合写挽联以示哀悼。

调整机构，集中人才以增加行政效率案[1]

一九三九年四月

说明：

中央行政关系国家抗敌建国之前途甚大。行政上非有良美的效率不足以保证抗战之胜利，行政上非有合理的机构与适合科学原则之人事管理更不足以建立现代国家的基础。我国中央政府从南京转迁重庆，行政之机构与人事曾经过一度调整，行政组织确已比较简单化。唯证诸半年来事实，前次调整仍未臻完善境地，以现状言，行政上存留之缺点尚多。在组织上职权不分明，职务不清楚，责任综错系统纷乱，同一机关可以事事都管，同一事件可以机关重重。机关既无事不办，彼此间不能分工。机关复各行其是，彼此间不能合作，这是现代行政所最忌，然此已成中国行政之普遍现象。在人事管理上，公开考试制、科学考绩制以及公务员之任用升迁保障等等制度，到今日依然徒具虚文，毫无成绩。人事上之弊端尚有甚于此者。一人可兼长数十职位，一身可遥领无数差缺，公务丛集万端延误，在抗战期间以裁员为动员，因减员而减政，人才遗弃于野，事务停滞于上，此种现象其影响□□□□□[2]。

凡上所言实为当前行政上之应求改革之点，关于改革办法谨列举数端，

---

[1]本辑录编者注：该文选自孟广涵主编的《国民参政会纪实（续编）》，重庆出版社1987年版，第261—263页。

[2]本辑录编者注：《国民参政会纪实（续编）》原文如此。

敬候公决。

办法：

A.关于机构应依下列原则调整：

（甲）凡机关之职权与事务划分应遵守"机能一致"之原则，凡同性质之事务及工作应完全划归一机关。

（乙）凡一机关之事务与另一机关之事务与工作性质重复者，应立即将机关裁并。

（丙）任何机关不得从事职权以外之事务与工作，如有此类事件应加以取缔。

（丁）凡因人设事之骈枝机关或工作受战事影响不能进行之机关，应立即停办或撤销。

B.关于人事应依下列原则调整：

（甲）官吏（政务官与事务官）应以一人一职为原则，凡有身兼无数重要职差者，应辞去兼职以专责成。

（乙）抗战时期政府机关应以平均减薪并开展工作代替裁员减政。

（丙）政府为实现"有力者出力"原则起见，应负责在全国普遍登记各项专门技术人才及失业之知识分子，并负责予以适当工作。

（丁）政府为集中人才起见，政府对机关重要负责人员之任用，应本"因事求才"原则，破格用人，凡才不适位，成绩缺乏，信望不孚之官吏，应加以撤换。

C.调整步骤：

（甲）政府应立即组织"调整行政委员会"以便依据上项原则拟具调整行政详细计划。

（乙）调整行政委员会以五人组织之，由参政会推选三人，由行政院推定二人。

（丙）调整委员会之任务：

（一）关于调整行政机关之设计与建议。

（二）关于人事上限制兼差及技术合作等项之建议。

(三)其他有关增进行政效率之计划与建议。

(丁)调整行政委员会非执行机关任期以抗战时期为限。

D. 治本方法:

(甲)政府对已有之官规法令,如公务员任用法、考绩法、惩戒法、限制兼差法等,应切实实施。

(乙)公务员之选拔应实行公开考试制度。

(丙)政府应指定经费、聘请专家、组织行政研究会切实研究改革中国行政制度之一切问题。

提案人:罗隆基

连署人:周士观　张君劢　卢　铸　梁实秋　邹韬奋　史　良　陈　时
　　　　许孝炎　张申府　徐傅霖　董必武　陆鼎揆　王造时　梁漱溟
　　　　秦邦宪　程希孟　沈钧儒　冷　遹　陈博生　晏阳初　许德珩
　　　　刘叔模　章伯钧

挽郭沫若父[①]

一九三九年七月

先生为有道后身,衡门潜隐,克享遐龄,明德通玄超往古;
哲嗣乃文坛宗匠,戎幕奋飞,共驱日寇,丰功勒石励来兹。[②]

[①]本辑录编者注:该文选自龚济民、方仁念著的《郭沫若传》,北京十月文艺出版社1988年版,第258页。

[②]本辑录编者注:据《郭沫若传》第258页所述,1939年3月12日,郭沫若乘水上飞机返抵重庆。不到四足月,父亲病逝的噩耗飞来,郭沫若于7月11日星夜回家奔丧。随后,毛泽东、秦邦宪、吴玉章、林伯渠、董必武、叶剑英、邓颖超等人合送挽联,以表深切之哀悼。

我们对于过去参政会工作和目前时局的意见①

毛泽东　陈绍禹　秦邦宪　林祖涵　吴玉章　董必武　邓颖超

一九三九年九月八日

国民参政会成立于抗战周年纪念之日，迄今已逾一年。

当我们接受聘请而加入参政会时，曾经发表了《我们对于国民参政会的意见》声明。我们指出："在目前抗战剧烈的环境中，国民参政会之召开，显然表示着我国政治生活向着民主制度的一个进步，显然表示着我国各党派各民族各阶层各地域的团结统一的一个进展。虽然，在其产生的方法上，在其职权的规定上，国民参政会还不是尽如人意的全权的人民代表机关，但是并不因此而失掉国民参政会在今天的作用与意义——进一步团结全国各种力量为抗战救国而努力的作用，企图使全国政治生活走向真正民主化的初步开端的意义。所以我们共产党人除继续地努力于促进普选的全权的人民代表机关在将来能以建立外，将以最积极最热诚最诚挚的态度去参加国民参政会的工作。"

一年来，国民参政会已经集会三次，总观国民参政会既往之工作，其最大之成就，就在于今日中国的最迫切的最中心的政治问题上——在坚持民族自卫抗战争取最后胜利及打击各种中途妥协的倾向与罪恶活动上——能够真实地反映起全中国最广大人民的要求，第一次大会宣言中，曾经郑重地宣告：

---

① 本辑录编者注：该文选自孟广涵主编的《国民参政会纪实（上卷）》，重庆出版社1985年版，第507—515页。原载于《新华日报》1939年9月9日第二版；又见于《群众》周刊1939年第3卷第14期，第359—362页。这次编录时按《新华日报》原文作了校勘。

"本会兹特代表全体国民庄严宣布：中国民族必以坚持不屈之意志，动员其一切物力、人力，为自卫、为人道，与此穷凶极恶之侵略者长期抗战以达最后胜利之日为止。"第二次大会又一致决议"拥护蒋委员长所宣示全面抗战持久抗战争取主动之政府既定方针"，并号召全国国民"坚决抗战，决不屈服，共守勿渝，以完成抗战建国之任务"。第三次大会又决议"抗战既定国策必须坚持到底"，号召国民"坚其信心，齐其步伐，一心一德，彻始彻终，以复我领土主权与行政之完整，而完成抗战建国之大业"。除此以外，三次大会对于抗战建国之各种具体问题，参政会同人曾有提案达三百余件，虽容或事有缓急之分，案有精疏之别，但莫不竭其思虑，以期有益于抗战建国。值得惋惜的是，政府对参政会之决议，绝大多数尚不能确切与有效地见诸实施，以致减少了参政会工作应有之成效，同时也就不能满足全国同胞对参政会之热切希望。

我们共产党参政员在参政会的一年工作中，根据着去年七月五日我们声明之立场，遵循中共中央之"明确的政治立场和诚挚的团结精神"的指示，在全国先进人士之指教和督励之下，与参政会同人共同地为着中国人民意志和要求的实现而奋斗。我们确信：今日人民之最高愿望意志和要求，是争取抗战的胜利，以及巩固和扩大为达到和保障抗战胜利所必需的全民族的团结和进步。因之，在过去三次参政会中，我们曾再三提出《拥护政府实行抗战建国纲领案》，《拥护蒋委员长及国民政府加紧全民族团结坚持持久抗战争取最后胜利案》，《拥护蒋委员长严斥近卫声明并以此作为今后抗战国策之唯一标准案》。幸获全体同人之赞助，通过专案。此外对于抗战有关之各项基本问题如建军，征兵，发展敌后游击战，实施民主政治，保障人民权利等，我们均以专案提供意见。在一年来的工作中，我们坚定地遵守着我们的立场："我们代表着中国共产党参加国民参政会，诚恳地愿意在参政会内与国民党和其他党派以及无党派关系的国民参政员同志们，亲密的携手和共同的努力，以期能友好和睦地商讨和决定一切有利抗战必胜建国必成的具体办法与实施方案"。而同时对于一切有害抗战及主和投降谬论，我们曾坚决地加以揭露和无情地加以抨击。在一、二两次大会中，汪逆及其党羽李圣五等的卖国狂论，虽在隐秘的形式之中，就受到了我们及大多数参政员同人的打击和驳斥。一年以来，我们在国民参政会内之工作，虽自愧无多建树，但所敢自信者，乃是我们谨守着明确的团结抗战的原则立场，遵循着人民的意志与愿望，而未尝稍有逾越。

现在政府已明令延长参政员之任期一年，我们愿就参政员地位将我们对目前时局之观感及今后抗战如何争取胜利之方针，向参政会同人及全国人民申述之。

目前抗战形势的特点，一方面是敌人经过两年的侵略战争之后，困难日益增长，我们抗战前途日益呈现出胜利的远景。但是另一方面，日寇非但没有改变其亡华灭华的方针，而且更加阴险，更加凶残，更加恶辣地实行他的一贯的灭亡我国的既定方针，更加狡诈地实行着以华制华以战养战的政策。在军事上，正面停顿着大举进攻而集其全力扫荡敌后游击区域，借以一方面麻痹我们抗战的意志，另一方面巩固其在占领区域之根基；在政治上，则努力扶助和利用汪逆，大唱其反蒋反共降日之谬论，加紧进行制造伪党伪府伪军的活动，同时更嗾使汪逆余党及其他心怀二志之分子，在抗战营垒内来阴谋挑拨离间进行反蒋反共活动，企图造成迫使中国投降之局势；在经济上，则实行掠夺榨取倾销开发，以实现以战养战用中国之资源屠杀中国人民之毒计。同时，在抗战营垒之内，又确有一部分人对于时局作不正确之认识：或以为敌寇已和缓灭华政策，或以为用某种国际会议方式即可解决中日问题，于是放弃自力更生之正确信念，不作准备反攻之实际工作，甚至有人居然忽视亡国危险，以为主要精力应用以对内，对反共及破坏国共团结阴谋，尽力策动，对一切进步力量，时加打击，对许多有为青年，横施压迫。煮豆与燃萁之痛，阋墙当御侮之时。影响所及，不仅动摇举国同胞对抗战胜利的信念，而且降低国际舆论对中华民族之同情。而兵役困难，法币跌价等困难增加，尤使一部分人士发生抗战有心，胜敌乏术之感。凡此种种，均使中国的民族危机更加深刻与严重。而目前国际形势之发展，对我国抗战环境发生极大之变化。由于苏德互不侵犯协定之签订，使防共轴心消散，使日寇在外交上更加孤立，在内政上引起震动，这一点当对我国抗战局面发生有利之影响。同时，因德国法西斯蒂侵略波兰而引起的欧洲大战，使日寇将利用欧洲紧张局势以加紧进行全力灭亡中国的政策,使英国妥协派更加企图在牺牲中国的条件下求得英日等国妥协的可能,这一切对我国抗战局面将增加许多新的困难。因之,目前我国抗战的国内外环境,均是处在一个新的急剧变化的时期。在这一新的国内外局面之下,全中国人民的当前严重任务,就是明确认清新的国内外情势之各种特点及其各种可能的发展趋势,坚持抗战到底国策,反对中途妥协危险,力求全国团结加强,反对各种分裂阴谋,力求全国向前进步,反对一切反动倒退现象。同时,努力争取剧烈变化的国际形势中每一有利于我的事变和因素,以增强我国的外援,以便克服一切危险,冲破一切困难,增加力量,准备反攻。

为克服目前的困难与危险,为认真准备我国反攻的力量,我们认为目前应从下列各方面努力：

甲　在政治方面：

一、动员全国力量反对妥协投降,扩大反汪运动,肃清抗战营垒中的暗藏汪系余孽及一切妥协投降分子。

二、加强战时政府,统一军政领导,容纳各党各派人才,提高战时行政机构效能。

三、实行战时民主,严惩对民众和青年的非法压迫行为,切实保障人民有言论出版集会结社及武装抗敌之权利。

四、认真惩撤贪官污吏,实行地方自治。

五、成立各地方劳资与佃主纠纷仲裁机关,使贫苦工农生活得到相当改善,以增加民众抗战热忱和便利兵役动员。

乙　在军事方面：

一、发展敌后游击战争——要作到变敌后为前线,积小胜成大胜。为此必须：

（一）根据抗战建国纲领原则及当地特殊情况,规定和实行游击根据地的施政纲领。

（二）将游击根据地的军政权统一于该地区抗战勤劳卓著经验丰富之主力部队指挥之下。

（三）由中央政府经常给游击根据地抗战部队以必要的武装补充和必需的经济帮助。

（四）派有坚持敌后的游击战争的决心与能力且具备坚强政治工作与良好纪律的部队到敌后去扩展游击战争。

（五）一切派往敌后之人员部队，均能以团结胜敌为重，均能忠诚执行抗日民族统一战线政策，不去制造内部磨擦以害己助敌。

（六）派往敌后之人员部队，能实行民主政策，建立真正人民自己选举而由上级政府批准之抗战政权；同时实行改善民生政策，以团结广大人民借以摧毁伪政权，瓦解伪军，使我之人力物力不为敌用而为我用。

二、培养新的国防军——为的坚持抗战，特别是为的准备在有利形势下，真能实行反攻以驱逐敌寇出境，必须培养新的国防军，作为将来反攻的中坚。为此必须：

（一）从前线选拔有历史有战功的部队××师，不分党派畛域，作为建军基础。

（二）规定国防师的统一的编制。

（三）国防师的干部应依照各该挑选部队的原有系统，给以近代化的军事训练与坚强的政治教育，同时并使之仍保存各该部队的优良传统。

（四）国防师的一切装备待遇和补给应一律平等，而较普通部队为高。

（五）国防师之训练，有一定的时期和一定计划，由有战功有能力之大员担任，分区实行，集团训练。

（六）建立国防工业，加紧对外购置，期于两年内完成××个国防师的现代化装备。

丙　在经济方面：

要破坏敌之建设和开发而实现我之生产和节约。为此必须：

一、破坏敌在占领区域之经济建设和物质开发，发动民众彻底抵制仇货，禁止可资敌用的土产资敌，如某些特殊军需品，必需利用仇货者，由国家统制购置。

二、由国家资助并奖励私人投资以扩大工农业合作运动，广泛地发展各种实用工业,尽力提高农业生产。

三、励行军政机关和私人节约运动。

丁 在财政方面:

坚决改变以前的作风,彻底实行战时财政政策。为此必须:

一、法币的发行与资本的流通必须有适当的配合,使之避免法币在沿海与内地价格不平衡的现象。

二、严格彻底统制外汇并由国民参政会成立外汇委员会按期审查财政部对于外汇批准与使用是否适当,以杜绝一切舞弊营私。

三、严格检查和禁止私人操纵金融,捣乱法币,特别是居官者之营利图私投机操纵,犯者重惩。

四、在战区,尤其是沦陷区的省份允其发行一定额数的地方纸币和流通券。

五、国家的金公债,必须在海外侨胞国内银行界中广为劝募,并给以确实基金的保障,与国内投资的便利。

六、国家的赋税政策,必须依照各地的环境可能,分别实行营业税、所得税、遗产税之累进率,并逐渐改良田赋,豁免苛杂。

七、汉奸的财产必须严格实行没收,逃亡到敌区的地主,国家应代其征收较原来为少之钱粮,暂作国家的直接收入。

八、国家预算,由中央到地方均应重新规定,与抗战有关者应按需要增加,与抗战无关者,应尽量减少,可省者应削除。

九、国家行政人员特别是高级官吏之待遇,应一律减低,并须低于同级军官的待遇,取消特费与兼薪,废除公家借款或购置中的回扣。

戊 在外交方面:

要尽量孤立日寇和努力增强外援。为此必须:

一、认真联合一切援助和同情我国抗战之人民和政府,力求其对我增加物质上和精神上之援助。

二、坚决反对任何国家政府牺牲中国以与日寇妥协的阴谋,坚持外交独立自主之方针。

三、协助国民参政会,各党各派及各界群众团体派遣各种代表团赴各国进行广大国民外交活动,以增强民主及和平力量对我之援助。

己　在党派合作方面:

加强各抗战党派之精诚团结,尤其是国共两党之友爱合作,实为实施上述各项办法,克服时局危险,战胜日寇汪逆的基本保证。为此必须:

一、明令保障各抗日党派之合法权利,认真取消各种所谓防制异党活动办法。

二、严令禁止对共产党及其他抗战党派之歧视压迫行为,严禁因所谓党籍及思想问题而妨害到工、农、军、学、商各界人民及青年之职业及人权之保障,以便造成举国一致精诚团结现象。

三、在抗战各种工作中,广泛地容纳各党派人才参加,不以党派私见摒弃国家有用人才。

当此寇深祸急,世界风云急剧演变之时,坚持抗战到底,巩固国内团结,力求全国进步,以便切实增加抗战力量,准备对敌反攻,是全国人民的要求和愿望,作为人民代表和人民使者的国民参政员的我们,谨于四次大会之前,作此共同之声明,希望全国人民及参政员同人能给予指教鼓励督促和批评,同时作为同人等在会内外与全国同胞共同奋斗的方向。

九月八日

共产党参政员致香港反汪工友函①

一九三九年九月十二日

《新华日报》转

香港"南华","天演","自由"三报反汪罢工的工友们：

你们为进行反汪派汉奸斗争而宣布罢工离港,很明显的你们是给了全中国人民一个模范的好榜样,而且更说明了工人阶级在抗战中的先锋作用和坚决不屈的积极斗争精神。这一运动的继续开展与扩大,正是给予日寇和汉奸的最严重的一击。

我们特以最大的热诚向你们致诚恳的慰问和崇高的敬意！并每人捐资五十元(合计共三百五十元),交付《新华日报》代转,以表微忱。

此致

民族解放敬礼

毛泽东　陈绍禹　秦邦宪　林祖涵

吴玉章　董必武　邓颖超

九月十二日

---

①本辑录编者注：该文选自《新华日报》1939年9月13日第二版,原报道标题为《共产党参政员捐款援助香港反汪工友》。

冀东抗日英雄杨十三先生追悼会祭文[①]

一九三九年九月十八日

维中华民国二十八年九月十八日,张伯苓、张申府、董必武、魏明初、叶剑英、蒋举贤、刘清扬、高韶亭、王仙槎等,敬以时羞之奠,致祭于杨君十三之灵曰:

呜呼!何天道之无知,竟戕贼吾大贤;念君才之卓举,固众口之所传;秉忠义于天性,惟卫国以身先;愤国难之日迫,思涤荡之腥膻;匪病躯之顾恤,奋孤拳而无前;入狐鼠之窟穴,导义民而张卷;扫丑虏如落叶,扬国威于幽燕;痛冀东之沦陷,已六载而暂捐;君振臂而一呼,十五县乃复全;彼倭寇之自视,谓举世莫比肩,何数子之奋发,竟歼灭如履蚁;知忠孝之足恃,维制挺可挞坚;信抗战之必胜,奚疑虑而不蠲;彼甘心以从逆,视吾子其孰然;死有重于泰山,知君心之已便;完全瓯以无缺,敢不勉而继焉;望太行之峨峨,固房军所覆颠;惟英灵之呵护,庶早靖夫狼烟;魂有知其鉴格,嗟吾伤號绵绵。

呜呼哀哉!

尚飨。

[①] 本辑录编者注:该文选自《新华日报》1939年9月19日第三版"本报特写",原报道标题为《冀东抗日英雄杨十三先生追悼会》。

拥护抗战到底、反对妥协投降，声讨汪逆、肃清汪派活动，以巩固团结、争取最后胜利案[①]

董必武等提

一九三九年九月

我国抗战已进入第三年。日寇的色厉内荏和捉襟见肘的情形日益暴露，我国最后胜利的曙光已隐约可睹，国人正应当淬砺奋发，克服任何困难，求达战胜日寇的目的。不幸在抗战阵营中，羼入了汉奸汪逆精卫，中途脱逃，公然响应寇酋近卫的诱降声明，主张"汉奸的和平"。他本身虽遭受了开除党籍和撤销职务的惩罚，但仍毫无悛悔，在港沪东京，进行其卖国的活动，泄露政府之机密，公开反蒋反共。汪的爪牙，更在我后方乘机造谣，见事生风，破坏我统一，分裂我团结，实行日寇以华制华的奸计。眼光短浅和不明大义分子，见日寇目前在正面军事进攻稍缓，以为日寇侵略已无能为力，而抗战下去，将遇见极大的困难，因此日寇诱降奸计，无妨接收，汪派和平运动可以利用。他们以为汪虽然反蒋，但仍可视为反共同志。自三次国民参政会大会以来，政治很少进步，到处发生磨擦，恰恰为日寇分裂我内部团结的阴谋张目。在"七七"抗战两周年纪念以前，后方到处弥漫着和平妥协的空气，军民震恐。直至蒋委员长在抗战二周年纪念日《告全国军民书》中，揭明"我们对敌人今天只有胜利，只有完全达成我们抗战目的，除此以外，亦绝没有其他第二条可走的道路。否则中途投降，就是'汉奸和平'。换句话说便是奴隶的和平，灭

[①] 本辑录编者注：该文选自孟广涵主编的《国民参政会纪实（续编）》，重庆出版社1987年版，第124—125页。《国民参政会纪实（续编）》第125页后注："1939年9月提交第一届第四次会议。"

亡的和平"。以后,妥协和平的阴霾,虽渐消弭,但投降的危险,终未完全克服。汪逆及其爪牙,且益肆其诱降分裂的活动,最近在上海,公然成立伪党,企图形成伪府、伪军。潜伏在我后方之汪派余孽,因借少数不明大义分子的掩护,未曾受到应有的打击,仍时与日寇的动作相呼应,故投降的危险,不能认为已经过去。本会在第三次大会中,对汪逆及其余党,毫无公开指斥之事,至堪惋惜。同人等离别半年,现在重新集合,应再表明和战之立场,森严汉贼之分别,向全中国全世界表明我们精诚团结,抗战到底,始终不渝,以争取最后之胜利之坚强意志。因此提议下列各项,请求决定:

一、继承本会历届大会坚持抗战的成规,决议拥护蒋委员长抗战二周年纪念日《告全国军民书》的精神,反对中途投降,坚持抗战到底。

二、严厉声讨汪逆精卫,反对其无耻媚寇,反蒋反共,成立伪党伪府伪军,投降卖国之行为,并请政府采取有效办法,以制裁汪派的活动,并肃清暗藏在抗战阵营中之汪派余孽。

三、对少数不明大义分子,或明或暗,掩护汪派作对内分裂,对敌投降活动的企图,随时加以国法之制裁。

是否有当,敬希公决!

哀悼吴志坚同志[1]

一九三九年十月六日

中华民族解放旗帜下的一员英勇的战士，中国共产党的一个优秀的党员，我们的吴志坚同志在敌机空袭的警报中，不幸因手枪走火，命中要害，而结束了他长期光辉的战斗生活！

吴志坚同志是我们的党从多年英勇艰苦的斗争中，训练出来的千万个布尔塞维克干部中的一个，他像他的一切忠贞坚强亲爱的战友与同志一样，无论在怎样困苦危险的环境前面，绝不动摇失望，始终忠实于自己的党与阶级，勇敢坚毅地献身于革命的事业。他的斗争历史也同样地和许多同志们相像，是那样地充满了我们这伟大时代的血肉，在人类历史上创造了空前的史诗。他虽是江西永新农家出身的子弟，然而在党的教育和实际斗争中，他表现了一向埋没在农民中的那种天才与智慧，发挥了一个革命青年最高度的积极性。在过去江西苏区中，他参加过儿童团、少年先锋队及剧团，后来参加红军，在军队中担任侦察保卫队等工作。他曾是我们万千个长征英雄中的一个勇士。抗战前后，他历在西安、太原、南京、武汉、重庆各地的第十八集团军办事处工作。他在军委会政治部工作，他这次死在重庆是死在自己工作的岗位上，也是间接地牺牲在敌人的疯狂的轰炸政策下。

我们这位身经百战的同志，有着丰富的战斗经验，然而年纪还只是二十

---

[1] 本辑录编者注：该文选自《新华日报》1939年10月6日第二版。

岁左右。他死得确实是太年轻了,他的死给我们带来了损失与悲痛,但是他的短促的一生是和我们的时代历史紧紧地连系着的,从九岁起他就投身到革命斗争中,他已把自己最珍贵的一切献给了我们的党与革命事业。因此他的一段短短的生活,是光荣灿烂的,□□①我们期待着他还能走上更长远的光辉的路程。

像吴志坚同志这样守纪律、负责任、不避艰险、克服困难,在任何情况下都能完成任务的精神,是我们全党同志的模范。他在武汉撤退新昇隆在嘉鱼遇炸时,自身在重病中拯救其他同志的可歌可泣的行为,长沙大火中抢救同志和物件出险的英勇事迹,当长征到陕北后不嫌低微自愿担任动务工作的谦虚肯干的伟大精神,这一切表现出了布尔塞维克应有的本质,说明了他是我们的党和民族的优秀的儿子。

我们的一切同志深刻地知道应该怎样来纪念一个忠实亲爱的同志的死,而且还要继续培养出无数的像吴志坚同志那样坚强的战士。

陈绍禹　秦博古　董必武　林祖涵

吴玉章　叶剑英　何凯丰　吴克坚

---

①本辑录编者注:《新华日报》1939年10月6日第二版的原字无法辨认。

国民参政会慰湘北前方将士电[①]

一九三九年十月六日

（衔略）

湘北会战，歼敌数万，造成抗战以来最大战绩。闻悉之余，举国欢腾，同人等深信再接再厉，必能粉碎敌人的整个侵略企图，不只奠定湘鄂已也。特电慰贺。

国民参政会驻会委员：

张澜、孔庚、褚辅成、江庸、董必武、许德珩、邓飞黄、刘叔模、杭立武、范予遂、李中襄、许孝炎、陈博生、李璜、秦邦宪、高惜冰、史良等叩

鱼（六日）

[①] 本辑录编者注：该文选自《新华日报》1939年10月7日第二版转载"中央社讯"，原报道标题为《国民参政会电慰湘北前方将士》。

加强民权主义的实施,发扬民气以利抗战案[①]

董必武等提

一九三九年

十九个月的抗战,证明我国军队愈打愈强,日寇泥足越陷越深,只要我们毫不动摇地坚持持久战的国策,我们有把握把日寇驱逐出中国去,以恢复我领土主权行政之完整。在刚要转入第二期抗战的时候,最高统帅手定第二期抗战旨要,首列"政治重于军事"和"民众重于士兵"两项,这自然是检讨第一期抗战的经验和教训所得出的结论,以指示今后工作的途径。无可讳言的,抗战以来,我国政治上的进步,赶不及军事上的进步,更远远地落后于抗战的需要。民众是我国能够战胜日寇的基本条件之一,却没有全部动员起来,政治和民众息息相关,民众是否发动起来,一依政治的良窳以为断。政治千头万绪。目前最与民众有关的,是民主自由,民众没有参与政治的机会,没有抗战的言论出版集会结社的自由,永不能提高其积极性,卢沟桥事变之后,三民主义一般的有普遍的宣传。民族主义,国人在抗日战争中,正竭其全力以求他的实现,而对民权民生两主义往往不能给以应有的重视,这是很可惜的。抗战时期民生主义如何实施,当另成议案。国民参政会之召集,虽是民权主义实施之一个重要步骤,然聚会两次,议决的案子实行了多少?实行了的效

[①] 本辑录编者注:该文选自孟广涵主编的《国民参政会纪实(上卷)》,重庆出版社 1985 年版,第 467—469 页。《国民参政会纪实(上卷)》第 469 页后注:"原载《国民参政会第三次大会记录》,国民参政会秘书处编 1939 年 4 月。"

果如何？恐怕参政员中没有一个人能够知道，更没有一个人能够讲演出来。省参议会组织条例公布了半年，至今仍没有一省成立。县参议会则组织条例尚付阙如。关于民众运动，在《抗战建国纲领》中第二十五项已清清楚楚地规定了，"发动全国民众，组织农工商学各团体，改善而充实之"。纲领公布几及一年，除某一部分游击区外，没有看见有一职业团体新被组织，或某一种职业团体，被改善或充实过，反而有许多抗日团体被取消了。又《抗战建国纲领》二十六项规定"在抗战期间于不违反三民主义最高原则及法律范围内，对于言论出版集会结社，当于合法之充分保障"，但在实行的时候，却常常不能和纲领原旨相符。至于各党派之团结，既已承认其存在，但还没有予以法律上之保障，以至摩擦时生莫由解决。上述这些缺点，都不应当听其继续存在和发展，弥补的法子，只有加强民权主义的实施。假使民主政治能迈步前进，则广大民众耳目一新，将争自奋发，引抗战为他们本身应尽的责任，为战胜日寇而增大无限力量的源泉，这对于争取抗战最后的胜利，是有决定的意义，因此特提议下列各点，请求讨论。

一、国民参政会议决之案，经最高国防会议通过者，政府应立予实行。实行之效果如何，政府应考查后报告于参政会。

二、省参议会应赶即成立，期定后，决不再延。

三、县参议会组织条例，政府应限期公布，组织条例中不应呆仿国民参政会和省参议会之例，应多有民主性，以便依抗战建国纲领早日完成地方自治。

四、遵照《抗战建国纲领》，从速组织农工商学各职业团体。

五、本会第一届大会议决请中央通令全国军政机关切实保障人民权利案，经最高国防会议通过，政府通令未生实效者，应请政府重申前令，令各军政机关切实执行，并限期呈报执行情况。

六、政府应给各党派以法律上之保障。

悼于鸣同志[1]

一九四〇年二月二十七日

新华日报郭于鸣同志以努力抗战工作和工人阶级事业积劳成疾而死。同人等谨致沉痛之吊唁！并向郭同志之家属致亲切的慰问！

秦博古　董必武　何凯丰　叶剑英

---

[1] 本辑录编者注：该文选自《新华日报》1940年2月27日第二版。

周恩来、董必武、叶剑英关于皖南事变后各小党派动向给中央的报告①

一九四一年一月二十四日②

中央书记处：

一、江南惨变发生后，中间人士及中间派对国民党大失望，痛感自由民主与反内战而团结之为[必]要。章伯钧、左舜生等拟发起成立民主联合会，以团结各党各派、无党无派以及国民党左派。开始时，或无公开之中共人士参加，但愿与我们保持合作，以香港或上海为中心，利用国社党徐傅霖在香港所办之报纸为喉舌，对国内及华侨、东江进行民主及反内战运动。章等已与我等交换意见，我等深表赞同。

二、章伯钧拟请中共、国社党、救国会、青年党、第三党各出一人，加上梁漱溟、黄任之成立一秘密核心，以领导上述民主联合会工作。

三、第三党近因当局之压迫，日渐左倾。现正整顿其组织，并提出联苏、联共之中心主张，与我党建立更密切之合作。近派章伯钧、邱哲为代表与我们正式谈判，表示合作诚意，并盼我们党对他们的政纲、组织、宣传及经济与切实援助。我们已表示极端赞同，并愿与以种种协助之意。

周　董　叶敬
渝

---

①本辑录编者注：该文选自南方局党史资料征集小组编的《南方局党史资料——统一战线工作》，重庆出版社1990年版，第54—55页。《南方局党史资料——统一战线工作》第55页后注："原件存中央档案馆。"

②本辑录编者注：《南方局党史资料——统一战线工作》在此处标注的时间为"一九四一年〇月二十四日"，并有编者原注称，电稿原件没有月份。现根据《董必武年谱》编纂组编的《董必武年谱》，中央文献出版社2007年版，第162页的内容，确定该时间为一九四一年一月二十四日。

毛泽东等七参政员致参政会秘书处删电[①]

一九四一年二月十五日

国民参政会秘书处公鉴：

关于政府对新四军之处置，我党中央曾有严重抗议，并提出善后办法十二条。如（一）制止挑衅；（二）取消一月十七日的命令；（三）惩办皖南事变祸首何应钦、顾祝同、上官云相三人；（四）恢复叶挺自由，继续充当军长；（五）交还新四军全部人枪；（六）抚恤皖南新四军全部伤亡将士；（七）撤退华中的剿共军；（八）平毁西北的封锁线；（九）释放全国一切被捕的爱国政治犯；（十）废止一党专政，实行民主政治；（十一）实行三民主义，服从总理遗教；（十二）逮捕各亲日派首领，交付国法审判等项。请政府采纳。

在政府未予裁夺前，泽东等碍难出席。特此达知，敬希鉴察！

毛泽东　陈绍禹　秦邦宪　林祖涵　吴玉章　董必武　邓颖超叩

删（十五日）印

[①] 本辑录编者注：该文选自孟广涵主编的《国民参政会纪实（下卷）》，重庆出版社1985年版，第865页。原载于《新华日报》1941年3月10日增刊第一版，原报道标题为《中共七参政员不出席参政会之全部文献——毛泽东等七参政员致参政会秘书处删电》。这次编录时按《新华日报》原文作了校勘。

董必武、邓颖超致国民参政会公函[①]

一九四一年三月二日

国民参政会秘书处公鉴：

关于我党七参政员碍难出席本届参政会事，曾有二月删电通知在案。兹为顾全团结加强抗战起见，必武、颖超特就在渝所见各方奔走之殷，提出临时解决办法十二条附列于后。倘此十二条能蒙政府采纳，并得有明白保证，必武、颖超届时必可报到出席。此点已得延安我党中央复电同意。特此达知，敬希鉴察，并颂公祺！

董必武　邓颖超同启

卅年三月二日

附：临时解决办法十二条

一、立即停止全国向我军事进攻。

二、立即停止全国的政治压迫，承认中共及各党派之合法地位，释放西安、重庆、贵阳及各地之被捕人员，启封各地被封书店，解除扣寄各地抗战书报之禁令。

[①] 本辑录编者注：该文选自孟广涵主编的《国民参政会纪实（下卷）》，重庆出版社1985年版，第867—868页。原载于《新华日报》1941年3月10日增刊第一版，原报道标题为《中共七参政员不出席参政会之全部文献——董必武、邓颖超致国民参政会公函》。这次编录时按《新华日报》原文作了校勘。

三、立即停止对《新华日报》之一切压迫。

四、承认陕甘宁边区之合法地位。

五、承认敌后之抗日民主政权。

六、华北、华中及西北防地，均仍维持现状。

七、于十八集团军之外，再成立一个集团军，共应辖有六个军。

八、释放叶挺，回任军职。

九、释放所有皖南被捕干部，拨款抚恤死难家属。

十、退还皖南所有被获人枪。

十一、成立各党派联合委员会，每党每派出席代表一人，国民党代表为主席，中共代表副之。

十二、中共代表加入参政会主席团。

周、董、邓致各党派领导人士书[①]

一九四一年三月二日

任之、表方、问渔、御秋、君劢、努生、漱溟、土观、舜生、幼椿、伯钧、赓陶、衡山、慧僧、申府、韬奋诸先生：

敬启者，数日来承，奔走团结，钦感无既。敝党代表之碍难出席此届参政会，所有苦衷，早经洞鉴。现为顾全大局起见，特与敝党中央往返电商，改定临时解决办法十二条，具见于与参政会公函中。凡有可以谋团结之道者，同人等无不惟力是赴，今兹所提，已力求容忍，倘能得有结果，并获有明确保证，必武、颖超必亲往参政会报到。考其形，容或有负诸先生之望；察其心，又知诸先生之必能见谅。方命事小，国家事大，惟求诸先生能一致主张，俾此临时办法早得结果，斯真国家民族之福。万一因一时捍格，大局趋于恶化，同人等实已委曲求全，问心可告无愧，而诸先生尤为爱国先进，届时必有更多匡时宏谟，同人等窃愿追随不懈也。延安诸同人闻诸先生之热诚苦心，亦极感奋，并电嘱转致谢意。特此奉达，敬请公安！

周恩来　董必武　邓颖超谨启
卅年三月二日晨

[①] 本辑录编者注：该文选自孟广涵主编的《国民参政会纪实（下卷）》，重庆出版社1985年版，第869页。原载于《新华日报》1941年3月10日增刊第一版，原报道题为《中共七参政员不出席参政会之全部文献——周、董、邓致各党派领导人士书》。这次编录时按《新华日报》原文作了校勘。

中共七参政员复国民参政会秘书处齐电①

一九四一年三月八日

国民参政会秘书处转全体参政员先生公鉴：

鱼电诵悉。诸先生关怀团结，感奋同深。四年以来，中共同人维护民族抗战与国内团结，心力交瘁，早为国人所公认，中共参政员对于历次参政会无一次不出席，亦为诸先生所共见，惟独本届参政会则有碍难出席者在。盖中共参政员为政府所聘请，而最近政府对于中共则几视同仇敌，于其所领导之军队则歼灭之，于其党员则捕杀之，于其报纸则扣禁之，尤以皖南事变及一月十七日命令，实为抗战以来之重变，其对国内团结实有创巨痛深之影响。一

---

① 本辑录编者注：该文选自孟广涵主编的《国民参政会纪实（下卷）》，重庆出版社 1985 年版，第 871—872 页。原载于《新华日报》1941 年 3 月 10 日增刊第一、二版，原报道标题为《中共七参政员不出席参政会之全部文献——中共七参政员复电》。这次编录时按《新华日报》作了校勘。《国民参政会秘书处致中共七参政员鱼电》之内容如下："董参政员必武、邓参政员颖超，并转毛参政员泽东、陈参政员绍禹、秦参政员邦宪、林参政员祖涵、吴参政员玉章钧鉴：三月六日本会大会以全体一致通过决议如下：'（一）本会于阅悉毛参政员泽东等七人致秘书处删电、董参政员必武等二人本月二日致秘书处函件，暨聆悉秘书处关于此事经过之报告以后，对于毛、董诸参政员未能接受本会若干参政员与本会原任议长之劝告，出席本届大会，引为深憾。本会为国民参政机关，于法于理，自不能对任何参政员接受出席条件或要求政府接受其出席条件，以为本会造成不良之先例。（二）本会连日聆悉政府各种报告之后，深觉政府维护全国团结之意，至为恳切。一切问题除有关军令军纪者外，在遵守《抗战建国纲领》之原则下，当无不可提付本会讨论，并依本会之议决，以促政府之实行。因是本会仍切盼共产党参政员，深体本会团结全国抗战之使命，并坚守共产党民国二十六年九月拥护统一之宣言，出席本会，俾一切政治问题，悉循正当途辙，获得完善之解决，抗战前途，实深利赖。'特此录案电达，至希察照出席为荷。国民参政会秘书处鱼"参见《新华日报》1941 年 3 月 10 日增刊第一版《中共七参政员不出席参政会之全部文献——国民参政会秘书处致中共七参政员鱼电》。

月十七日命令之后,敌伪抚掌,国人愤慨,友邦惊叹,莫不谓国共破裂之将至。中共中央睹此危局,自不能不采取适当之步骤,以挽危局,以保团结,乃向当局提出善后办法十二条。时逾一月,未获一复,而政治压迫军事攻击反日益加厉,新四军被称为"叛军"矣,十八集团军被称为"匪军"矣,共产党被称为"奸党"矣。延渝道上,"打倒共产党"、"抗日与'剿匪'并重"、"'剿匪'不是内战"等等惊心动魄之口号,被正式之政府与正规之军队大书于墙壁矣。似此情形,若不改变,泽东等虽欲赴会,不独于情难堪,于理无据,抑且于势亦有所不能。耿耿此心,前有删电致参政会略陈梗概,当蒙洞察。嗣后参政会同人中颇多从中奔走,以图转圜者,泽东等感此拳拳之意,为顾全大局委曲求全计,乃由敝党代表周恩来同志及在渝参政员必武、颖超二人提出临时办法十二条,请求政府予以解决,以便本党参政员得以出席于本届参政会,同时并以此意通知参政会秘书处,然亦希望政府置答。泽东等所提善后办法与临时办法各条,乃向聘请泽东等为参政员之政府当局提出请求解决,以为泽东等决定是否出席此次参政会之标准。政府自有予以解决与否之自由,泽东等亦有出席与否之自由。泽东等爱护参政会之心,今昔并无二致,如能在此次会期内由于诸先生之努力促成,与政府诸公之当机采纳,使泽东等所提各种办法能有一定议及实施之保证,则本次参政会虽已开幕,中共在渝参政员亦必可应约出席,否则惟有俟诸问题解决之日。泽东等接受政府之聘请,为团结抗战也。皖南事变以来,加于国共间之裂痕实甚深重,苟裂痕一日未被消灭,则泽东等一日碍难出席政府所召集之任何会议。盖泽东等在目前所处之环境,与诸公实有不能尽同者焉。专此电复,尚希谅察。

毛泽东　陈绍禹　秦邦宪　林祖涵　吴玉章　董必武　邓颖超叩
齐

贺马寅初①六十寿联②

一九四一年三月二十四日

桃李增华，坐帐无鹤；
琴书作伴，支床有龟。

---

① 本辑录编者注：该文选自中共中央党史研究室编的《中国共产党抗战图志》，中共党史出版社2005年版，第305页；又见于中共中央文献研究室编的《周恩来传（二）》，中央文献出版社1998年版，第651页。本辑录编者注：马寅初先生，时任国民政府立法委员、中国银行顾问、重庆大学商学院院长，因痛斥官僚资本而被监禁。值他六十寿辰之时，周恩来、董必武、邓颖超联名赠送寿联，遥致祝意。

② 本辑录编者注：该文选自中共中央党史研究室编的《中国共产党抗战图志》，中共党史出版社2005年版，第305页；又见于中共中央文献研究室编的《周恩来传（二）》，中央文献出版社1998年版，第651页。

挽张冲[①][②]

一九四一年十一月九日

大计赖支持，内联共，外联苏，奔走不辞劳，七载辛勤如一日；
斯人独憔悴，始病寒，继病疟，深沉竟莫起，数声哭泣已千秋。

毛泽东 林祖涵 吴玉章 董必武　陈绍禹 秦邦宪 邓颖超
敬挽

[①] 本辑录编者注：该文选自《新华日报》1941年11月9日第三版，原题为《淮南先生千古》；又见于陈兰荪、陈嘉祥编著的《官场钩沉》，重庆出版社2006年版，第7页。

[②] 本辑录编者注：张冲（1904—1941），字淮南，浙江乐清人。在"五四"运动中，曾组织"醒华会"。国民党四大中央执行委员。从1935年下半年开始，奉命参与同中共代表进行秘密谈判，其间曾到陕北瓦窑堡与毛泽东、周恩来会晤，对促成第二次国共合作发挥了重要作用。抗战后曾任军事委员会办公厅顾问事务处中将处长。1941年3月兼国民党中央组织部代理副部长。同年8月11日病逝。

毛泽东、周恩来等七人紧急声明①

一九四二年六月三日

毛泽东、周恩来等七人紧急声明：

顷闻中央社重庆电，中国国民党监察委员会三日上午八时开十四次常会，通过恢复陈其瑗等二十六人党籍一案，内列有周恩来、林祖涵、吴玉章、毛泽东、董用威②、邓颖超、叶剑英等七人姓名。按鄙人等系中国共产党党员，国共两党虽在政治上已告合作，但组织上两党合作关系是否恢复民十三年之办法并未商定，而对恢复鄙人等国民党党籍事前更未通知与征求本党中央及鄙人等意见。因特郑重声明，中国国民党中央监委会此项决议关系鄙人等七人部分，鄙人等实不能承认。

周恩来　林祖涵　吴玉章　毛泽东

董用威　邓颖超　叶剑英等七人同启

六月三日

---

①本辑录编者注：该文选自中共中央党史资料征集委员会编的《中共党史资料（第十一辑）》，第53页，题目是本辑录编者所加。

②本辑录编者注：董用威，即董必武。

周恩来、董必武、邓颖超唁慰龚镇洲家属电①

一九四二年十一月十三日

镇洲先生有德有年,功在民国。陪都接席瞻仰怠殷。遽闻凋谢,实深悲悼,道远不及躬奠,特电致吊。②

---

① 本辑录编者注:该文选自郧贵鸣著的《乔冠华传:从清华才子到外交部长》,江苏文艺出版社2007年版,第248页。

② 本辑录编者注:据《乔冠华传:从清华才子到外交部长》第248页所述,1942年11月13日,龚镇洲在桂林去世,惊悉噩耗的周恩来遂与董必武、邓颖超联名致电桂林吊唁。《乔冠华传:从清华才子到外交部长》第248页原注:"《周恩来年谱(1898—1949)》,第542页。"

中共领袖唁慰张一麐先生家属电①

一九四三年十月二十六日

仲仁先生家属礼鉴：

顷闻仲老谢世，震悼殊深！仲老耆年硕德，爱国亲仁，宅心一秉大公，立言至为平正。抗战以来坚持团结，力争民主，尤著直声。兹当胜利在望之时，忽闻老成凋谢之耗，山颓木坏，栋折榱崩，薄海悽怆，永怀明哲。肃此驰唁，敬希节哀。

毛泽东　朱　德　周恩来　吴玉章　林祖涵
陈绍禹　秦邦宪　董必武　邓颖超同叩
寝

---

① 本辑录编者注：该文选自《新华日报》1943年10月28日第二版，原报道标题为《延安接到张一麐噩耗中共领袖来电吊唁，陪都追悼会下月六日举行》。

参政会驻会委员会慰问湘鄂将士电(一)①
一九四三年十一月二十七日

军事委员会烦转保卫常德全体将士均鉴：

倭寇计穷，肆扰湘北，我前线将士，奉命保卫，奋勇截击，屡挫凶锋，敌不得逞。尚祈再接再厉，迅扫残孽，早筑京观，用竟全功。同人叠聆捷音，远念辛劳，无任钦佩，谨表敬意，维希鉴照。

国民参政会主席团暨秘书处全体叩感

---

① 本辑录编者注：该文选自《新华日报》1943年12月4日第二版转载"中央社讯"，原报道标题为《参政会驻会委员会电湘鄂将士致敬》。

参政会驻会委员会慰问湘鄂将士电(二)①

一九四三年十二月三日

军事委员会蒋委员长钧鉴：

并请转电陈司令长官、薛司令长官、孙副司令长官，暨湘鄂前线全体将士钧鉴：

倭寇穷蹙，图挽颓势，一月以来，窜扰湖滨，狼奔豕突，大肆猖獗，我最高统帅指挥若定，全体将士忠勇奋发，所在堵截，歼灭无算，湘北鄂西，叠告胜捷。现在此役虽未终了，而已造成辉煌战果，涤荡腥秽，指顾可期，同人等顷聆何总长报告，无任感佩，谨以敬意，特致慰问，肃电奉达，维希赐察。

张伯苓　江庸　莫德惠　孔庚　王普涵　李永新　许德珩
何葆仁　陈博生　陈启天　许孝炎　郭仲隗　董必武　黄炎培
　　　　　　　　　　　　　　　李中襄　王启江叩肴。

---

① 本辑录编者注：该文选自《新华日报》1943年12月4日第二版转载"中央社讯"，原报道标题为《参政会驻会委员会电湘鄂将士致敬》。

林伯渠、董必武、王若飞
关于目前形势和谈判问题给毛泽东的电报①

一九四四年五月二十三日

毛主席：

（一）我们对于目前对国党谈判有以下的看法：

在蒋的独裁政治下，现时存在着日益严重的困难：

第一，是河南战事失败，在军事、政治、经济、外交各方面所发生的严重影响；

第二，是英美舆论对共的同情与对国的抨击，日益增加，有些论文并露骨的要求直接援助中共军队，以便配合盟军作战；

第三，是财政经济上的无办法，通货膨胀，物价高涨，负担太重，不仅人民不能忍受，就是他所倚靠着统治人民的公务人员及士兵，也已到处发生怨恨；

第四，是对共产党无办法，想打又不敢打；

第五，是国民党内部各派系军队各个人中间的倾轧，离心离德。

蒋在目前对这种情形相当恐慌，曾在国民党中央内表示要改变办法，实行民主，来缓和各方，使孙科及许多倾向民主的国民党员都曾引起很大幻想。但自听了蒋在十二中全会的讲话，强调三民主义是最民主的，国民党以外一部分人不配讲民主，强调自信心及友帮舆论批评不足畏后，又表示大失所望。

---

①本辑录编者注：该文选自南方局党史资料征集小组编的《南方局党史资料——统一战线工作》，重庆出版社1990年版，第104—106页。《南方局党史资料——统一战线工作》第106页后注："原件存中央档案馆。"

估计蒋所以又这样顽固的原因,不仅由于蒋之独裁本质要死而后已,而我在西安谈判之避免刺激,恐怕也增加了蒋以为不难对付盟邦批评及华莱士来华的梦想。

(二)我们从延安出发时的一些估计,必须随情况的改变而改变了,争取和平已不成基本问题,林彪同志过去提案已不适合今天情况。照原订之方针反被蒋利用去加强他们党内对于一党专政的信心,且作向盟邦粉饰团结的工作。同时,使英美难于说话,使小党派不敢硬挺,使国民党内以孙、邵为首要求实行民主的力量也不能抬头,对于促进全国团结抗战进步,决无所得。这种情形,在西安最后数日已稍感觉,到重庆后更为清楚。

(三)我们完全同意中央所提二十条每条的精神,今天只有继续给蒋提出,只有继续揭露其欺骗,只有不给他敷衍捧场,才真正对整个团结抗战有利。同时新二十条虽不能马上实现,但可否定过去,成为今后新的谈判的基础。昨天将此文件交给张、王,虽然张、王坚决拒绝接受转递给蒋,但一定会向蒋报告的。估计蒋会咆哮起来,会逢人骂我,说我无诚意。但客观形势,使他仍不敢公开和我决裂,更不能打我。新的麻烦是会有的,我们早准备了,我们早就确定问题的解决还要拖一个时间,而新二十条的即时提出,也可以使其重新考虑提示案,重新考虑如何对付华莱士来华,重新考虑十二中全会的结论。我们的看法是否正确,请予指示。还有下面几个具体问题,亦请指示:

1. 张、王既坚决拒绝接收二十条文件,是否需要直接送给蒋和国民党中央,这样就是表示超过张、王,估计不可能送到,在送去也会被退回的,因此不好继续与张、王会谈。

2. 我们对外宣传完全照恩来文章发挥。并着重说明我们争取团结抗战的诚意,及暴露国民党对电台封锁抓人等具体问题上无法解决诚意之事实,二十条全文暂不发表,但对华莱士是否需要告知。

3. 国家招待华莱士的一切宴会,拟不出席,并劝各小党派也不出席,而求得单独和华会面,但小党派如出席时我们应怎样?

4. 我们自然无自行修改二十条之权,但如张、王所提意见有可接受的。当向中央请示。同时建议中央在将来具体解决问题需要修改时,请加上忠实实行四项诺言等字句,更能增加中间人士同情。

5. 如果他们交来的提示案内容不好,我拒绝接收,或借此转回延安请示,暂拖下去。

林　董　王

林伯渠、董必武、王若飞
关于十天来的活动及各方面的动态给毛泽东的电报[①]

一九四四年六月五日

毛主席：

新修改十二条收到后，约定张、王今晚会谈，再交他们。在要释放的人名中，我们加上成都新华日报分馆最近被捕的李椿、张少明两个名字，其余全遵照中央指示进行。

兹将我们十天来的活动及各方动态，摘报如下：

（一）我们估计，将目前虽极困难，但绝无解决问题诚意（苏英美人士，小党派，地方实力派及孙科、许宝驹、王昆仑，都如此看法），今天只是作出谈判姿态给中外看。华莱士主要是搜集情报，也不便直接干涉他改变态度。具体解决问题，要在英美主力将要在远东战场行动时。所以，我们近几天并不急切去催张、王，平常请客会面时，也只着重要求先恢复电台。总之不闭谈判之门，也不存急切解决之想，而把精力全用在各个方面宣传我在敌后、边区，实行民主抗战成绩及力量，及推动国民党内外一切不满现状的人积极起来，争取民主运动，并使这一运动互相配合。

（二）美武官已详谈两次，他目前最关心的是华北、华中敌军行动，是否我们经常有详细情报；我敌后各根据地，那些地区，宜于美机临时降落，并保证

[①] 本辑录编者注：该文选自南方局党史资料征集小组编的《南方局党史资料——统一战线工作》，重庆出版社1990年版，第107—109页。《南方局党史资料——统一战线工作》第109页后注："原件存中央档案馆。"

空军人员安全。我们表示,只要他们能交涉到派人常驻延安,一切均可满意解决,并建议:如蒋不允,可用降落伞直接去。他们说:先合法争取,万一做不到,再说。他要求送一张胡部封锁边区详图给参谋本部,已允许他。苏武官已谈过。英武官约本周内会谈。

(三)小党派及实力派最初对西安谈判曾发生恐我单独解决心理。现经多次会谈及事实证明,都清楚,都说蒋无解决问题诚意,认识我们力量强大,不怕拖,也不怕打,增加他们争取民主运动信心。黄任之到处宣传新四军在华中民主与经济建设。

(四)经过杜炳丞、马哲甲等得知川、康、滇、粤、桂西南各实力派态度,并直接见到刘文辉。据说,李济深已成西南各方拥护中心(包括李、白、张发奎、余汉谋及湘薛,浙黄、闽刘等)。他们中有些人来谈,从东南,经滇、川、康到西北,对重庆马蹄形包围,希望西北来一个军事发动,并妄拟西南在双十节将有一个大发动。我劝说他们不要妄为,要在法令中抓住有利于实行地方自治的东西,放手去做,要使自己比中央更民主进步。蒋把田赋征实交地方办理,是想把人民责难给地方政府,但又增加了地方政府权利,这是他不可解决的矛盾。

(五)左翼文化界及妇女界,均开过座谈会,个别和一些教授、学生、工业家谈过,他们都不满现状,要求民主。

(六)国党内可推动争取民主的:

第一,是广大下层党员,但无领导不能起来;

第二,是还保有若干革命传统的元老,但相互又四×宾党;①

第三,是许宝驹、王昆仑等,正积极活动,他们的口号是团结抗战,民主建国;

第四,是"合法争取"及"实力准备"(即一切活动,不走到失掉现有地位或被开除,和促进各实力派密切联系)。他们目前办法是:

(甲)集中火力打西西,同一切反西西力量联合行动;

---

① 《南方局党史资料——统一战线工作》编者原注:"'四×宾党'四字,原电码不清,可能有误。"

(乙)拥护孙科民主演说,并推动冯、于、居要①支持孙;

(丙)出版宣传民主出版物,密切与实力派、小党派及我党联系。他们把我党看为坚持民主的中心势力。

(七)有些英美人士希望中共改变名称,可以减少外人疑虑,更易得外国援助,而陈铭枢、孙科及不少中间人士从自身需要出发,也有此主张,需要多解释。

(八)虽然蒋今天绝无具体解决问题诚意,但仍不敢有公开拒绝及表示冷落,他们并通知九月五日开参政会,要林出席。

(九)中央对上述活动有何意见,请指示。

林 董 王

---

① 《南方局党史资料——统一战线工作》编者原注:"要"字原电码不清,可能有误。

参政会贺罗斯福四次当选总统电①

一九四四年十一月二十一日

美国白宫罗斯福总统阁下：

欣闻阁下第四次当选总统，具见贵国民情所归，热烈拥护，以期在阁下继续执政期内，完成同盟国之澈底胜利，树立有效的世界安全组织，促进全世界民主政治之发扬。本会同人谨以最大热诚，向阁下致敬。

中华民国国民参政会主席团：
张伯苓　莫德惠　吴贻芳　李　璜　王宠惠　王世杰　江　庸
驻会委员：
褚辅成　林　虎　孔　庚　王云五　冷　遹　董必武　杭立武
李中襄　王启江　张君劢　左舜生　陈博生　许孝炎　胡　霖
钱公来　郭仲隗　江一平　王普涵　许德珩　李永新　罗　衡
陈启天　朱贯三　胡健中　黄炎培同叩

---

① 本辑录编者注：该文选自《新华日报》1944年11月21日第二版转载"中央社讯"，原报道标题为《罗斯福四次当选总统参政会去电致贺》。

周恩来、董必武与国民党代表王世杰谈话纪要[①]

一九四四年十一月二十二日

中共代表周恩来、董必武,应美国罗斯福总统特使赫尔利邀请,于一九四四年十一月二十二日上午,在赫尔利重庆寓所,与国民党代表王世杰进行会谈。国民政府外交部长宋子文,参加这次会谈。下面是会谈纪要。

互相问好后,外交部长宋子文首先声明,我今天不是作为代表而参加的,仅系由于赫尔利将军的邀请,帮助解决中美言语的困难。

接着赫尔利将军宣称:我很高兴你们双方代表都到了,国共问题本来是中国人的问题,应当由你们自己解决,我不能作为当事人。而且我所说的话也太多了,今天我不说话,让我听一听你们的话。

王世杰博士接着发言:今天我首先要感谢赫尔利将军,为了我们的谈判问题,而不避麻烦。国共问题本来是中国人的问题,应当解决。但这个问题是一个大问题,只能逐渐想办法。我想知道恩来先生有什么意见。

周宣称:我很高兴在赫尔利的帮助下,有这样一个机会来解决国共问题。赫尔利将军这样大的年纪,辛苦工作,非常可感。国共问题本来是中国人的事,但已达到这个程度,必须请外国友人加以帮助,我仍然感谢他们的盛意。再者,我也很高兴会见我的朋友宋子文先生。正因为宋先生、王先生和我们

[①] 本辑录编者注:该文选自孟广涵主编的《抗战时期国共合作纪实(下卷)》,重庆出版社1992年版,第380—384页。《抗战时期国共合作纪实(下卷)》第384页后注:"原载《国共谈判文献》,一九四四年。"

都是老朋友,所以,我准备直接的并坦白的来谈这个问题。我这次代表中共中央出来谈判,目的在实现民主的联合政府,以利全国团结,抗战胜利和友邦合作,而国民党方面的协定草案,则没有这个精神,我们是不同意和不满意的。但由于中国人民的需要,友邦的好意,抗战反攻的急迫,我们一方面仍坚持联合政府的主张,并愿为之继续奋斗。另方面我们也愿从我们协定和你们协定的当中先找到共同点,来作初步的解决,以为民主的联合政府作准备步骤。这是我和董必武同志个人的意见。因此,我须先向你们请教第一个问题,我要请教王先生的是党派合法问题,这是政府建议中所提到的,政府准备采取何种措施,使党派合法。

王世杰先生答称:现在政府还没有具体考虑这个问题,并无具体计划。但我想有一两点意见是可以说的,第一点,政府在采取任何措置之前,必然与各党派协商,以便取得同意;第二点目前是战争期间,所以要在不妨碍进行战争的范围内,允许各党派的合法地位。

周问:其他党派是否也允许合法。

王答称:其他党派也包括在内。

赫尔利将军问:你不是说过,不承让其他党派的合法地位吗?

王答称:那是说,不放在国共之间的协定上面。

周说:好,现在我有第二个问题,根据政府的建议,足以表示国民党并不准备放弃一党专政,王先生的意见如何?

王答称:这首先是一个法律问题。在法律上,目前无从宣布废止党治。因为训政是载在《建国大纲》和国民党党纲上面的。中央委员会无权废止,必须有更大的会议才行,就是蒋先生要废止也不行,我们党员会说他违法。不过政府在实际上并非不准备容纳党外人士。

周接着问:如果邀请中共代表参加政府,请问这种代表还是用观察者的性质,还是有职有权?

王答复:这一点我不能具体答复,因为没有讨论。但我个人意见这个问题要依据法律,再者假使毛先生和蒋先生当面谈判合作,这个问题不是没有办法解决。

赫尔利将军对宋部长说:子文,你听见没有!这是代表的性质问题,究竟有权无权。

宋子文答:听见了。

周宣称:我的第三个问题是关于参加军委会的问题。过去有许多军委会的委员,只是挂名的,不但没有职权,而且并不开会,如果共产党代表参加军委会,其实际职权如何,王先生是否能够见告。

王答称:现在军事委员会每星期至少开会一次,有时两次。

周补充一句:这是会报,不是开会。

王续称:会报与开会相差无几,会报做了决议,不就等于开会。此其一。军委会人数少,是有权的机关,同时军委会又是作战机构,不是参政会,并不由多少票数来决定,意见提出,只要委员长裁可,就可实行,此其二。第三点,我可以说,如果中共参加军委会,其职权不会比其他委员少。

周说:我们要提醒王先生几句,会报不是开会。比如冯玉祥和李济深将军就从没参加开会。

王称:会报仍然是会议。一二委员缺席,不能说不开会。同时军事委员会委员被派为战区司令长官也不来开会。

赫尔利将军问:做了前线司令长官岂不是丧失了军委会委员之权。

王对此问题未作答,但谓不能由于一二委员缺席,就说将来中共代表参加军事委员,也会如此。

周宣称:第四个问题是指挥问题。现在,我们要把国共双方的军队结合起来作战,假使将来美军登陆,那就有三方面的军队,这就引起指挥问题。不知政府是否考虑到设立联合统帅问题?具体的即指美国统帅问题。

王答称:我对军事布置,实在不知道,张治中将军没有来。原先有设立联合国统帅的建议。你们也知道的,至于是否有进一步的考虑,我的确不知道。

周宣称:我的问题完了,看王先生有甚么意见?

王说:今天赫尔利将军要我来,我事前还不知道和你们碰头。我希望今天讲的,双方都不要泄漏。

周说:我们最守秘密,子文先生知道。

董老说：请放心。

宋子文说：我和恩来先生在西安事变中所谈的话，至今八年，还未泄露出去。

王续称：我希望恩来先生回去和毛先生商量，要给我们这里愿意搞好的人以帮助。这句话只能在这里说，在外边我是不说的。双方意见当然相左，如果得到你们帮助，当然有益于问题的解决。

赫尔利将军说：我在延安时，毛主席告诉我，他们拥护蒋主席，要求实行三民主义，并建立民主的统一的中国。我觉得你们要互相信任，你们都是中国人，许多主张相同，团结起来，就能战胜日本。我坚信共产党是帮助你们的。

王称：这一点很重要。昨天政府的三案差不多把延安方案中的大部分都放进去了。我们当然要民主，但不能说一切限制都没有，因为今天是在打仗。希望你回去商量，作出答复。现在我想问两个问题。第一个问题，周先生，你看，大概的结果如何。第二个问题，请毛先生和蒋先生见面的事，据周先生的观察如何？

周答称：第一个问题很简单，我们主张联合政府，也就是民主政府，我们仍要为这个民主政府而奋斗，我们认为只有民主政府才能求得根本的解决。你们目前尚不接受这个政府，我和董必武同志商量，要想从双方的建议中，找出共同点，以便求得为达到这个民主政府的初步解决，同时也为民主政府奠定准备工作。第二个问题也很简单。毛泽东同志很愿出来，他曾向军事委员会驻延安的联络参谋及赫尔利将军说过他很愿出来，但他出来必须能够解决问题，而不是为了聊聊。现在民主政府问题不能解决，所以还不是他出来的时候。

宋子文说：现在要统一，如不联合一致，不但不成其为四强之一，连国家也不像国家了。

周问：雪艇先生你对发表文件的技术问题怎样？这完全是我个人问的。

王答称：我看不必外国形式，好像缔结协定一样。我的意见是用双方发表的形式，如民国二十六年九月二十六日的那种形式或其他形式。

周说:我个人意见,这仅是个人的意见,是否采取两党缔约再由政府接受的形式。

王说:我也是个人意见,或用两党的形式,或用政府与党派的形式,都好商量。

王问:恩来先生,你此次回延,是否要见一次委员长?

周答称:我恐怕时间来不及。我告诉过赫尔利将军,我不愿延宕,赶快去延安一趟。

宋说:如果蒋主席约见,请雪艇先生用电话通知恩来先生好了。

王说:好。

周说:我想董必武同志这次可以回去一行了,因为他已一年在外应该回去一看。

王说:好,等一会,我向委员长说。

赫尔利将军说:很好,希望大家取得协定。这两天大家讨论得太紧张了,今天下午七时半请大家来此吃一顿安静的晚饭。

大家说:好。

至此互相告别。上午会谈,遂告结束。

中共代表团函复反内战联合会对该会反对内战促进政治协商深表感佩①

一九四五年十二月二十八日

陪都各界反内战联合会诸先生公鉴：

拜读②先生等致毛泽东同志一函，义正情殷，实深感佩！伏念坚持团结，反对分裂，为敝党十年来一贯主张，今年八月毛泽东同志来渝商谈，亦本此旨而努力。不意商谈纪要甫经公布，而剿匪手令随即密颁，利用盟军之协助，保留敌伪之武装，百数十万之大兵，纷向解放区突进。在日寇投降之后，人民复遭兵燹之惨，言之痛心！同人等此次来渝出席政治协商会议，已先向政府提出双方立即无条件停止内战，一切争论，经由和平协商解决，以副国内人士之望，以利政治协商会议之进行。久仰③先生等均各界先导，德望风崇，组织反对内战联合会，大声疾呼，主持正义，促进政治协商，实现和平建国，必能有成。除将④大函即转延安毛泽东同志外，先此肃复，尚望时赐教言，感甚！幸甚！

专此顺颂

公绥！

周恩来　王若飞　吴玉章　邓颖超　董必武　叶剑英　陆定一
十二月廿八日

---

①本辑录编者注：该文选自《新华日报》1945年12月31日第二版。
②本辑录编者注：《新华日报》原文排版中的空格格式。
③本辑录编者注：《新华日报》原文排版中的空格格式。
④本辑录编者注：《新华日报》原文排版中的空格格式。

冼星海先生纪念演奏会启事①

一九四六年一月三日

革命音乐家冼星海先生以艺术致力中国民族解放事业,时逾十年,功在人间,往岁赴苏留学,以求深造,方期重返祖国,参加民主文化之建设,不幸积疾不治,于1945年10月30日病故莫斯科。奇花凋谢,艺苑萧条,中外人士,同声哀悼。兹定于1946年元月5、6两日下午6时半假七星岗江苏同乡会举行纪念演奏会,演奏其著名作品《黄河》、《生产》等大合唱,用寄人琴哀思,而插解放歌声。除冼先生生前友好戚属,已柬邀参加外,凡景仰冼先生事业与艺术之各界朋友愿意参加者,请向相识之发起人索取请柬。如有花圈、挽联、挽诗等,请于4日送交和平路管家巷28号代收为盼!

发起人:	冯玉祥	沈钧儒	郭沫若	柳亚子	周恩来	董必武	陈铭枢
	邓初民	陶行知	茅 盾	叶圣陶	胡 风	黄芝冈	张西曼
	任宗德	杜国祥	田 汉	史东山	阳翰笙	孙师毅	李德全
	史 良	曹孟君	周宗琼	马思聪	刘雪厂	林声翁	马国霖
	王亚平	力 扬	何其芳	徐 迟	蔡楚生	郑君里	辛汉文
	戴爱莲	冯乃超	胡子婴	柳 倩	罗髯渔	叶浅予	王 琦
	卢鸿悲	李 凌	沙 梅	盛家伦	夏 白	钱警华	

①本辑录编者注:该文选自《陶行知全集(第四卷)》,四川教育出版社1991年版,第769—770页。《陶行知全集(第四卷)》第770页后注:"原载1946年1月3、4日《新华日报》。"

政协代表十一人联名致蒋主席函[1]

一九四六年二月十日

介公主席钧鉴：

　　本日早九时陪都各界庆祝政治协商会议成功大会，于开会之际，被人指使暴徒捣毁，并殴伤多人，情节离奇，影响中外观听甚大。同人等公推周恩来、张君劢、陈启天、李烛尘等四先生，兹谒钧座，有所陈述。敬希指定接见时间为幸。

　　专布。

　　恭候钧安。

　　沈钧儒　张君劢　陈启天　周恩来　董必武　王若飞　李烛尘
　　梁漱溟　章伯钧　张申府　罗隆基同启。

----

[1]本辑录编者注：该文选自《新华日报》1946年2月12日第二版"本市消息"，原报道标题为《政协代表十一人联名致函蒋主席，人权保障筹委会昨决定调查血案》。

中共代表团
就暴徒行凶捣毁《新华日报》事向政府提抗议[①]

一九四六年二月二十二日

哲生、铁城、力子、立夫、厉生、布雷、雪艇、岳军先生公鉴:并转蒋主席钧鉴:

敬启者,今日沙磁区学生游行,经过新华日报营业部约二十分钟之后,时在午前十一时半左右,另有暴徒百余人将该营业部捣毁一空,并殴伤营业部主任杨黎原及徐君曼、管佑民等,重伤三人,轻伤一人,书报什物门窗,全部毁尽,直至午后一时四十分,尚有暴徒在馆盘踞。同时闻民主同盟民主报社,亦有被暴徒捣乱情事。在中国陪都森严之地,光天化日之下,政治协商会议圆满成功之后,较场口血案未了,继续发生今日之有组织的暴行,显系贵党内部一部分反苏反共反民主的反动派,企图破坏盟国合作,造成国内分裂,破坏政府威信,推翻政治协商会议决议之阴谋活动。长此以往,凡赞成团结民主之人士,在阴谋份子与特工人员淫威之下,生命与自由毫无保障,民主政治谓何?盟国团结谓何?堕国家之威信,置钧座庄严之诺言于何地,恩来等,为国家之和平、民主、团结、统一计,不得不郑重提出严重之抗议,要求政府立即查办主凶,解散特务,对敝方及民主同盟所受损害,实行道歉与赔偿,并保证此后再不发生同类事件。临颖不胜急切待命之至。

专此,敬颂

[①] 本辑录编者注:该文选自《新华日报》1946年2月24日第二版"本报特讯",原报道标题为《暴徒行凶捣毁本报中共代表团向政府提抗议》。

勋祺

中国共产党代表团

周恩来　董必武　王若飞　吴玉章　陆定一　邓颖超　秦邦宪

二月二十二日

中共代表团
就暴徒行凶捣毁《新华日报》事向政府再提抗议①
一九四六年三月七日

哲生、铁城、力子、立夫、厉生、布雷、雪艇、岳军先生公鉴：并转蒋主席钧鉴：

敬启者，自二月二十二日重庆新华日报营业部及民主报社被暴徒捣毁事发生后，恩来等曾于当日有函提出严重抗议，要求政府立即查办主凶，解散特务，对敝方及民主同盟所受损害，实行道歉与赔偿，并保证此后再不发生同类事件。迄今将近半月，延未解决。闻二月二十四日成都新华日报营业分处又续遭暴徒捣毁，职员李干□②身负重伤。三月一日西安十八集团军办事处亦发生暴徒聚众捣毁事件。一月以来，新华日报向外邮寄、航寄报纸，复遭多方留难，不能顺利寄出。似此情形，使恩来等生命自由日在特务威胁之中，一切民主团结工作均困难进行，不能不再向诸先生及蒋主席重申抗议，务请迅赐回答，不胜切盼之至。

专此，敬颂

勋祺！

中国共产党代表团

周恩来　吴玉章　陆定一　董必武　王若飞　邓颖超　秦邦宪

三月七日（新华社）

---

①本辑录编者注：该文选自《新华日报》1946年3月10日第二版"本市消息"，原报道标题为《暴徒捣毁本报事久悬未决中共代表团向政府再提抗议》。

②本辑录编者注：《新华日报》1946年3月10日第二版"本市消息"的原字无法辨认。

致孙院长函①

一九四六年三月十六日

哲生先生惠鉴：

昨晚宪草审议会协商小组开会所获之协议案，曾经秘书长宣读，又经各会员修正后成为决议议案，乃今日报登中央社所发表昨晚之协议案，各条均与原案不符，不胜骇异。第一点，昨晚协议者，国民大会为有形国民大会，今日报上所宣布者无端加一"应"字，此不同者一。第二点，昨晚协议案并未涉及国民大会之职权，组织等等，今日报上宣布者竟将职权加入条文内，此不同者二。至于立法院与行政院之关系，昨晚协议者，仅将政协会议修改之原则中第六节第二项一条取消，并未涉及其他问题，此不同者三。又省宪改为省自治法，系昨晚所协定，而中央社发表者为省自治法规或省单行法规，此不同者四。中央社发表之此项消息当应由秘书处负责。先生为协商小组之主席，应请通知秘书处迅速向中央社及各报正式更正，以正听闻而尊重协商之结果。专此函达

并颂公绥

周恩来　张君劢　董必武　罗隆基　章伯钧同启

三月十六日

---

① 本辑录编者注：该文选自《新华日报》1946年3月17日第二版"本市消息"。报道称："中央社发表三月十五日政协会议综合委员会及宪草审议会协商小组之协议结果，多与原协议案不符。现经政协代表周恩来、张君劢、董必武、罗隆基、章伯钧等，除径函请雷震先生声请更正外，并函孙哲生先生速为更正。"

中共代表团
就暴徒行凶捣毁《新华日报》事向政府三提抗议[①]

一九四六年三月二十五日

力子、厉生先生勋鉴：

新华日报馆营业部前于二月二十二日遭暴徒捣毁，敝方两次抗议，迄今匝月，未见合理解决。昨见新蜀夜报找法院开审消息，竟有"爱国民众打击新华报"云云，阅后深为愤慨。查此事本系[②]贵党内一部分反民主分子有组织有计划之阴谋，绝非拘执三五被驱使之暴徒，泛泛审讯，所能塞责，此事至今未能解决，而竟尚有报纸继续歪曲事实，邸其诬嚷，此种情形，只有更加刺激感情，妨害团结。再特再行提出严重抗议！并劳转致蒋主席，请速对敝方特此所提各项要求，迅予圆满答复。至所企盼，并启示□[③]。

专此祗候

勋祺！

周恩来　董必武　王若飞　吴玉章　陆定一　邓颖超　秦邦宪

[①] 本辑录编者注：该文选自《新华日报》1946 年 3 月 25 日第二版"本报特讯"，原报道标题为《暴徒捣毁本报迄未合理解决，中共代表向政府三提抗议》。

[②] 本辑录编者注：《新华日报》排版的空格格式。

[③] 本辑录编者注：《新华日报》1946 年 3 月 25 日第二版"本报特讯"的原字无法辨认。

为北平等地有计划的反共暴行
中共代表团提严重抗议[1]

一九四六年四月五日

雪艇、力子、岳军、厉生四先生勋鉴:并请转呈

蒋主席钧鉴:

敬启者,顷接北平军事调处执行部叶委员剑英支电内称:四月三日晨三时,有大批军警宪特,以检查户口为名,至前京畿道十一号第十八集团军副参谋长滕代远公馆,执枪实弹,如临大敌,逐屋搜查,逐人盘问,历时五十分钟,捕去滕之秘书李新、职员季坪妻女,及方从张家口来平接洽调剂粮食之贸易公司经理奎耕涛、张家口市商会会长刘鸿达五人,同时又向我解放报社、新华通讯社两处搜查,将解放社总编辑钱俊瑞、副总编辑姜君辰(编者按:昨日新华社北平电误为姚君良)[2]、新华记者杨赓、张乃赓等二十九人,及该社发行课主任马建民等十人,非法逮捕,总计四十四人,分别押于外二局、内四局两警察分局,搜查当时,军警持枪均上刺刀,报社门口架设机枪,声势汹汹,若捕盗匪,被捕者皆双手加铐,绳索捆绑,沿路殴打谩骂,极侮辱之能事,几经交涉,仅将从滕公馆捕去之五人放回,此外三十九人迄今仍未释放等情。查滕公馆之租用,早经北平行营许可,解放报社、新华通讯社系敝党言论宣传机关,且

---

[1] 本辑录编者注:该文选自《新华日报》1946 年 4 月 6 日第三版"本报特讯",原报道标题为《为北平等地有计划的反共暴行,中共代表团提严重抗议——要求政府立即释放北平被捕中共党员,并道歉赔偿,严惩警宪负责当局,停止全国特务活动,并迅速答复历次所提要求》。

[2] 本辑录编者注:此编者按为《新华日报》"编者按"。

已呈请北平当局备案,而新华社又为北平执行部公认之中共报导机关,乃竟于贪夜遭受非法检查,工作人员横被侮辱逮捕。日前延安上空曾为航委会派去战斗机八架低飞示威至半小时之久,东北小组到达沈阳时,沈阳警备司令部亦借故将我方四十余人在机场扣留三小时,且欲令原机送回北平。此一连串行为,显然与全国各地一切反共反政协反民主之破坏暴行,同为有人发纵指使之有计划有布置的阴谋。因此,敝党特再一次提出严重抗议,要求政府:

(一)立即释放被捕人员。

(二)严惩北平军警宪负责当局,并保证以后不得再有此等事件发生。

(三)停止全国特务活动。

(四)向执行部中共代表及解放社、新华社道歉并赔偿损失。

并请将敝方历次所提要求事项迅予圆满答复,是所企盼。

专肃即希赐覆。

敬颂

勋绥!

　　　　周恩来　董必武　王若飞　吴玉章　陆定一　邓颖超　秦邦宪

　　　　　　　　　　　　　　　　　　　　　　　　　　　　谨启

　　　　　　　　　　　　　　　　　　　　　　　　　　　　四月五日

讣 告①
一九四六年四月十二日

  本党中央委员王若飞同志、秦邦宪同志、新四军军长叶挺同志、解放区职工联合会筹备会主任邓发同志、第十八集团军总部中校参谋李绍华同志、副官魏万吉、赵登俊两同志，偕同贵州教育界前辈黄齐生先生及其孙黄晓庄先生、叶军长夫人李秀文女士及其女叶扬眉、子叶九、女工高琼，于本月八日乘美机由重庆因公赴延，不幸因气候变化，方向迷失，在当日下午于山西兴县东南之黑茶山遇险机焚，与美军机师四人全体遇难。

  若飞诸同志与黄齐生先生正为和平民主团结统一之实现，竭精殚思，奔走呼号，不遗余力，竟以飞机遇险，一时俱丧，不仅本党之重大损失，实亦中国人民解放事业之不幸。哀痛之情，匪可言宣。除另择期举行追悼外，特此讣告。

  即祈

  矜鉴！

中国共产党代表团

周恩来　董必武　吴玉章　陆定一　邓颖超谨启

四月十二日

---

①本辑录编者注：该文选自《新华日报》1946年4月14日第一版。

北平国民党将查封解放报
中共代表团函国民党代表[①]

一九四六年四月十四日

雪艇、力子、岳军、厉生先生勋鉴：

敬启者，北平解放三日刊，系敝党在平之机关报纸，久已在平出版，顷闻当局拟将该刊予以查封，殊深骇异。查出版法及其施行细则业于一月廿八日国防最高委员会决议修正在案。一月下旬，贵党宣传部长吴国桢先生亦亲自向敝党代表陆定一表示：旧出版法已呈请修正，新出版法将于半月内公布。敝党等待再三，时过半月，而新出版法迄未见公布。北平解放三日刊乃于等无可等中，先行于二月二十二日出版，同时并呈请平市当局登记。如此犹欲查封，殊难理解。查政治协商会议开幕时，蒋主席曾以四项诺言昭示天下，而至今人民出版言论尚无自由，如此则所谓宪政云云，政府改组云云，谁能置信。用特函恳转电北平当局，请以和平民主团结统一大局为重，停止查封，迅予登记，实为至幸。

专此

敬颂

勋祺。

周恩来　董必武　吴玉章　陆定一　邓颖超敬启

四月十四日

[①] 本辑录编者注：该文选自《新华日报》1946年4月16日第三版"本市消息"。

挽"四·八"烈士[1]

一九四六年四月十八日

因政协枝节横生,丧吾党一批优秀英才,此责任有人应负;
看反动阴谋层出,为祖国百年民主伟业,这斗争我辈当承。

周恩来　董必武　吴玉章
陆定一　邓颖超　廖承志
同挽[2]

---

[1] 本辑录编者注:该文选自段雨生、赵酬、李杞华著的《叶挺将军传》,解放军出版社1989年版,第517页;又见于刘战英著的《叶挺传奇》,中国社会出版社2005年1月第1版,第258页。

[2] 本辑录编者注:据《叶挺将军传》第509—517页所述,1946年4月8日叶挺、王若飞、秦邦宪等人从重庆乘飞机回延安,因天气原因,飞机与海拔2000余米的黑茶山迎面相撞,当即爆炸起火,跌落崖下,王若飞、秦邦宪、叶挺等多人遇难。中共中央获悉噩耗后,于1946年4月18日在延安举行追悼大会,周恩来、董必武、吴玉章等送去挽联。

促请国民党解决各项问题
中共代表团致送书面声明[①]

一九四六年四月二十一日

关于参加国民政府及国民大会之名单问题，中共代表团一向不认为此等事件可以孤立解决，而置政协决议、停战协议及整军方案任人破坏于不顾，尤不认为在内战重新扩大民主毫无保障之现况下，可以参加政府，召开国大。就政协本身而言，政府四项诺言，不仅迄未切实履行，且变本加厉，放纵特务，恣意横行，使人民自由权利毫无保障，国民党二中全会所造成违反政协决议之混淆情形，不仅未加澄清，且更坚持训政约法，一党统治，使政府改组毫无意义，宪草修改原则，不仅利用协议三点，企图改变代表团，且更拟动摇其他原则，否定行政院对立法院负责制，而回到五五宪草之总统独裁制。在国府委员及行政院政务委员中，中共提议之名额（国府十名，行政院四名），不仅始终未获政府同意，即已确定之国府委员会中否决权问题，亦在发生动摇。国大代表名额，政府又拟增加，在宪草修改原则屡遭损害之际，在民主制与独裁制争论未决之时，何能考虑及此？！在此种严重情况下，中共目前已无提出国府委员及国大代表之可能，若再加以东北内战之严重状态，并有牵入关内之势，则呼唤不停，政府何能改组，而国大亦何能从容召开！？

因是中共代表团特再声明：只有在上述各项问题得到全部解决与确定

[①] 本辑录编者注：该文选自《新华日报》1946 年 4 月 23 日第二版新华社"本市消息"，原报道标题为《促请国民党解决各项问题，中共代表团致送书面声明——中共代表团声明》。

解决后,中共方能考虑参加国民政府与行政院之人选及提交国民大会之名单。

    周恩来　董必武　吴玉章　陆定一　邓颖超　李维汉
                四月二十一日(新华社)

中共代表团函复马叙伦等愿本和平主张进行谈判[①]

一九四六年六月十一日

夷初、行知诸先生大鉴：

顷奉惠函。并承示上蒋主席书，雒诵回环，弥觉辞危而情苦，感人深至，曷胜钦仰。窃以中国政事之败，民生之苦，于今已达极点，而国民党统治集团中之好战份子，犹然恃美国武器之资助，积极进行全面反共之内战，设使此辈得逞，则域内势成糜烂。是以敝党于国内一切冲突夙主无条件停止，盖唯有停止国内武装冲突，民主团结有途径可循。谈判以来即坚持此旨。以此之故，卒在广大人民之呼吁与马歇尔将军努力之下，获得东北停战十五日之结果。姑不问国民党当局于此诚意若何，敝党决愿本一向和平民主团结统一之职志，进行谈判，并盼能从此长期停战，永息戎争，俾使政协决议整军方案得以顺利实行，斯为国家之福，人民之幸。惟前途困难正多，尚祈诸先生再接再厉，制止内战，挽救国运于阽危，张民主之大纛。时迫事急，临颖不尽，除遵嘱将遵嘱将函转陈毛泽东同志外，专此肃复。

顺颂

时绥！

周恩来　陆定一　董必武　邓颖超
敬启
六月十一日

[①] 本辑录编者注：该文选自《新华日报》1946年6月18日第三版"上海航讯"，又见于《群众》周刊1946年第11卷第7期，第3页，题为《中共代表函覆上海名流——愿本一贯主张致力息争谈判》。报道称，沪文化界名流马叙伦、陶行知等164人曾为呼吁停止内战上书蒋介石，并将该书全文附寄中共代表团一份，请转中共毛主席。该文即中共代表团复函原文。

中共代表周恩来同志等
致国民党代表原函[①]

一九四六年六月二十一日

哲生、铁城、雪艇、力子、立夫、厉生六先生：并请转
蒋主席勋鉴：

自东北休战以来，全国人心，举世舆论莫不渴望国共两方在此十五天中能由于马歇尔将军之共同努力，获得关于交通、停战及东北整军三项问题之一致协议，使暂时休战成为长期停战，以重开和平团结之门。不幸经十五大各方面之奔走努力，政府方面对于整军方案意见完全出人意料，企图将中共部队在整军期间排出大城市及铁路线以便消灭，并坚持美方代表在三方协议中之最后决定权，以保证此案之实现。似此情况，敝方实苦无从考虑，且政府运兵备战之事日亟，内战大火有一发难收之势。届此紧急关头，倘再不立即停战，则人民涂炭，国家糜烂，惨淡前途诚不堪设想。兹接敝党中央训令，根据目前内外情况，全国人民意愿，认为非迅速停战，实现和平，不足以挽救当前之严重危机，出同胞于水火。爰特向贵方正式提议实行如下步骤：

（一）由三人会议立即宣布东北长期停战，并重申全国停战命令，规定停止一切军事冲突之具体办法，命令双方部队严格遵守。

（二）停战令下后由三人会议立即协商恢复全国交通之具体办法，并首先修复重要铁路。

[①] 本辑录编者注：该文选自《新华日报》1946年6月24日第二版"本报南京廿一日航讯"。

（三）由三人会议定期商定全国及东北整军及复员之具体补充办法，并立即付诸实施。

（四）由政府经协商定期重开政治协商会议，迅速解决改组政府、保障人权、解救民生、完成统一，及各项政治问题。

上述四事如荷赞同，请即分别提交三人会议及政协综合小组协议施行，以安人心，以慰众望。时危事急，特此建议，不胜迫切待命之至。

敬颂

公安！

周恩来　董必武　叶剑英　吴玉章　陆定一　邓颖超　李维汉
三十五年六月廿一日

中共代表就国方单独决定召开国大事提书面抗议①

一九四六年七月七日

哲生、铁城、力子、亮畴、雪艇、立夫、厉生、岳军先生公鉴：

并转陈

蒋主席赐鉴：

敬启者：国大召集日期，原为政协议决事项之一。尔后延期，蒋主席亦征询政协综合小组同意，政府始公布延期命令。当时，傅会员斯年提议，定一召集日期，蒋主席以国大有关诸问题未商妥前不便定期为辞，未予接受。阅时七十日，有关国大诸问题不仅未曾商妥如故，并且从未一商。本月三日，为国民党一党执政机关之国防委员会，竟片面决定召集国大日期为本年十一月十二日。敝方闻之，不胜诧异。当即一再请求速开政协综合小组商讨此事，乃未获贵方同意，而国民政府已于本月四日，明令公布矣。贵方此种举动，是否表示不管各党派意见如何，抑或将置政协于不顾，不能不令人发生疑虑。查政协决议，曾经蒋主席及各方代表在内，庄严起立表决，如有修改，亦须得各方同意。今贵方发表示若此，完全违反协商精神，敝方坚决反对。敝方今向贵方郑重声明：关于国大诸问题，在未得协议以前，敝方不受贵方任何片面决定之拘束。敝方并仍坚持速开政协综合小组，商讨国大及其有关问题之主

---

① 本辑录编者注：该文选自《新华日报》1946 年 7 月 10 日第二版"本报南京九日专电"，原报道标题为《对国方单独决定召开国大事，中共代表提出书面抗议，此举违反政协精神，在国大等问题未获协议前，中共不受任何片面决定之拘束。中共坚持迅开政协综合小组》。

张。贵方如仍予拒绝,并因此而引起纠纷,其责任应由贵方负之。专此奉达。

敬颂

公祺!

周恩来　董必武　叶剑英　吴玉章　陆定一　邓颖超　李维汉敬启

七月七日

中共代表团唁慰李公朴夫人电①

一九四六年七月十三日

昆明张曼筠女士礼鉴：

惊闻公朴先生被特务暴徒暗杀，不胜悲愤！公朴的牺牲必然激起全国人民反法西斯暴行及争取和平民主运动的高涨，敝代表团誓为后援。兹先电唁，并希节哀！

周恩来　董必武　邓颖超　李维汉　廖承志叩午元

---

①本辑录编者注：该文选自《新华日报》1946年7月14日第三版"本报讯"，原报道标题为《李公朴先生在昆明被刺逝世，各界人士纷纷致电吊唁，对民主战士壮烈牺牲无任悲悼，烈士英灵不死后继者何止千万——中共代表团之唁电》；又见于《群众》周刊1946年第11卷第12期，第8页，题为《中共代表电唁李公朴夫人》。

中共代表团就李公朴、闻一多先生惨遭暗杀事向政府所提抗议书①

一九四六年七月十七日

哲生、铁城、布雷、力子、雪艇、厉生、立夫、岳军：并转
蒋主席赐鉴：

敬启者，李公朴、闻一多两先生因热心奔走和平民主运动，竟先后在昆明被暗杀致死，闻先生之公子亦伤重垂危，远道闻之，悲愤交集！政府既一面大举进攻鄂豫边、山东、山西及苏皖、苏北各解放区，准备造成全面内战；另一面，纵容、指使特务机关，在大后方暗杀和平民主领袖，如此野蛮、卑鄙手段，虽德、意、日法西斯国家政府犹不敢肆意为之。中国号称反法西斯胜利国家，四项诺言，言犹在耳，而特务暴行，接踵而至，遍及全国，殴打未已，暗杀继之，一城之内，五日之间竟至续演杀人惨案两起，不知政府当局，何以自解耳！据昆明来信所云，李先生被难之日，即有再杀闻先生之风传，今其言果验，岂属偶然！且李、闻两先生之外，还说重庆有邓初民先生等，上海有沈钧儒、罗隆基先生等，皆为暗杀对象，人心惶惶，举国震怒。政府当局如果从此悔悟，犹惧春秋笔伐，应急起制止，以谋善后。

恩来等闻此凶耗，夜不成寐，除对李公朴、闻一多先生事件表示严重抗议外，特要求政府立即采取下列措施，并以明令公布全国：

---

① 本辑录编者注：该文选自《新华日报》1946 年 7 月 18 日第二版"本报南京十七日加急专电"，原报道标题为《对李公朴闻一多先生惨遭暗杀，中共代表团向政府提抗议》；又见于《新华日报》1946 年 7 月 28 日第二版；《群众》周刊 1946 年第 11 卷第 12 期，第 3 页。

（一）立即撤换昆明警备司令，限拿凶手，交法院问罪，并由政协派员陪审。

（二）先葬死者，通令全国追悼，并给死者家属以抚恤。

（三）严格责成各地政府及军警机关，负责保护各党派及一切民主人士之安全。

（四）重申四项诺言，澈底予以实施。

（五）澈查政协会议以后各地所发生之惨案，并应惩办祸首。

（六）取消一切特务机关。

（七）释放一切政治犯。

恩来等认为政府必须实行上列各项最低要求，方足表示政府有重返和平、民主之意。特此奉达，并希于三日内赐复。

无任企盼，并颂

公祺！

         周恩来　董必武　吴玉章　邓颖超　李维汉谨启

         七月十七日

中共代表团唁慰闻一多夫人电[①]

一九四六年七月十七日

闻一多夫人礼鉴：

惊闻闻一多先生紧随李公朴先生之后，惨遭特务暴徒暗杀，令郎义和君亦受重伤，暗无天日，中外震惊，令人椎心泣血，悲愤莫名，真不知人间何世！此种空前残酷、惨痛、丑恶、卑鄙之暗杀行为，实打破了中外政治黑暗之记录。中国法西斯统治的狰狞面目，至今已暴露无遗。一切政治欺骗，已为昆明有计划的大规模的政治暗杀枪声所洞穿，中华民国已被法西斯暴徒写下一个永远不能洗掉之污点。中国法西斯暴徒如此横行，虽极猖獗疯狂，实法西斯统治的最后挣扎，自掘坟墓。中国人民将踏着李公朴、闻一多诸烈士的血迹前进，为李、闻诸烈士复仇，消灭法西斯统治，实现中国之独立、和平与民主，以慰李、闻诸烈士在天之灵，敝代表团誓为后援！兹先电唁，尚盼节哀！并祝令郎早日康复！

周恩来　董必武　李维汉　邓颖超　廖承志叩
午筱

[①] 本辑录编者注：该文选自《新华日报》1946年7月18日第三版"本报南京十七日专电"，原报道标题为《中共代表团电唁闻一多夫人》；又见于《群众》周刊1946年第11卷第12期，第8页。

周恩来同志等唁慰陶行知先生家属电[①]

一九四六年七月二十五日

伟大人民教育家和民主战友陶行知先生不幸逝世，实为中国人民大众政治解放和精神解放的最大损失。相信陶先生之死，将振奋无数崇仰先生思想事业人格作风之男女，更加坚强起来，为人民大众服务。特电致唁，并希节哀！

周恩来　董必武　邓颖超　李维汉　廖承志
七月廿五日

---

① 本辑录编者注：该文选自《新华日报》1946年7月30日第二版"本报南京廿八日专电"，原报道标题为《毛主席和朱总司令唁慰陶行知先生家属，周恩来同志等亦专电致唁》；又见于《群众》周刊1946年第12卷第1期，第15页，题为《中共代表电唁陶行知家属》。

关于沪工委成员变更致中共中央电^①

一九四六年八月七日

沪工委^②系管公开工作,与地方党绝对分开,归代表团直接领导,其名单为五月份报准者略有变更,因:

(1)潘汉年、刘少文分管情报,住在外面自成系统,不参加为宜。

(2)刘光病故。

(3)钱俊瑞、袁绍俊、李培之均不能来。

(4)范长江留京工作。

(5)伍云甫专管救济亦独立系统,互不相混。

故便决定正式委员九人:华岗、章汉夫、刘宁一、潘梓年、夏衍、熊瑾玎、许涤新、冯乃超、陈家康。候补委员:肖贤法、乔木^③、龚澎、胡绳、张铁生。华岗任书记,章汉夫副书记,肖贤法秘书长。可否,请批示。

(根据中央档案馆馆存档案刊印)

---

① 本辑录编者注:该文选自《董必武文集(第一卷)》(征求意见本),第366页。《董必武文集(第一卷)》(征求意见本)编者原注:"这是和周恩来联合署名发给中共中央的电文。"

②《董必武文集(第一卷)》(征求意见本)编者原注:"沪工委,即中共上海工作委员会。"

③《董必武文集(第一卷)》(征求意见本)编者原注:"乔木,指乔冠华。"

中共代表团致张澜先生慰问电[①]
一九四六年八月二十二日

成都兹惠堂张表方先生道鉴：

报载：十八日李、闻追悼会上，特务捣乱，先生受惊，谨致慰问！成都暴行，更证明昆明暗杀，为特务系统之所为，不粉碎特务系统，中国人民不能安生，民主政制无法建立。为民主，必须反特务，愿与先生共勉之！

周恩来　董必武　邓颖超　李维汉　廖承志叩养

[①] 本辑录编者注：该文选自《新华日报》1946年8月23日第二版"本报南京二十二日专电"，原报道标题为《中共代表团电慰张澜先生》。

严重抗议国民党当局迫令《群众》周刊停刊①

一九四六年九月十四日

厉生先生勋鉴：

本月八日曾寄上一函，为上海《群众》周刊被当地军警非法搜查、强夺与撕毁、没收事，请求给予制止，尚未奉复，乃上海市政府竟变本加厉，近更非法迫令该刊停刊，殊深愤慨！兹据该刊负责人报告，本月十二日，上海吴市长约潘梓年②君赴市府谈话，谓《群众》如不登记，将予取缔。潘君答以《群众》乃由渝迁沪出版，并非新办刊物，且早已依法申请变更登记备案，吴答不知，待查。十三日，上海市警察局又传该刊负责人谈话，谓已奉市府密令务令《群众》停刊，并即要求该刊办理具结停刊手续，当被严正拒绝。同日，上午十一时，警局又派警士两名分驻该刊发行与印刷两地，阻止该刊印发，复经据理力争，两警士始行退出。十二日，潘梓年君曾专函吴市长，详述该刊在沪出版后历遭非法压迫之种种经过，及该刊完全合法之各种根据，要求纠正以前种种不合理之措施，并请保护该刊之出版发行。查该刊创办迄今，已年逾九年，且

---

① 本辑录编者注：该文选自《董必武文集（第一卷）》（征求意见本），第370页。《董必武文集（第一卷）》（征求意见本）编者原注："这是董必武和周恩来为国民党当局迫令《群众》周刊停刊一事，联合署名致国民党政府内政部部长张厉生的抗议信。《群众》周刊，一九三七年十二月十一日在武汉创刊，为中共中央在国民党统治区公开出版的机关刊物。一九四六年五月转移到上海出版。当年九月十三日，国民党无理迫令停刊。"

② 《董必武文集（第一卷）》（征求意见本）编者原注："潘梓年，江苏宜兴人。一九三八年一月至一九四七年二月任《新华日报》社社长。《群众》周刊负责人之一。"

经贵部登记在案。移沪出版,又依法办理刊物变更地点之登记备案手续,无任何违法及不合规之处,理应受到政府合法之保障。今上海当局竟一再借故压迫,既非法搜查于前,复迫令停刊于后,不知将置蒋主席四项诺言及政府保障言论出版自由之法令于何地?按自政协以后,敝方在贵党统治地区之言论机关,历遭贵方当局无理压迫,非法摧残,其最著者如北平《解放报》及新华社之遭受封闭,重庆《新华日报》营业部之被捣毁,以及上海《群众》周刊之遭受搜查后复迫令停刊,似此非法压迫言论,摧残民主之行为,敝方实无可忍,特再提出严重抗议,请贵部立即饬令上海当局制止,并予《群众》周刊以合法之保障,俾能继续出版发行,无任企祷!

专此,并候

时绥!

周恩来

谨启

董必武

九月十四日

(根据中共党史出版社一九九〇年出版的《中共中央南京局》刊印)

中共代表团为国民党军进攻张家口事所提备忘录①

一九四六年九月三十日

哲生、铁城、力子、雪艇、厉生、亮畴、岳军、立夫先生：转陈
蒋主席赐鉴：

敬启者：自六月休战谈判中断以来，政府即进一步的不顾一切约束，撕毁一月停战协定，在关内大举进攻。在此三月中，政府军队已进占解放区许多城市，摧毁许多地方的民选政权，狂炸解放区，伤害无数居民的生命财产，更提出无理的五项要求，强要中共军队及民选的地方政权退出若干地区，而当中共根据政协纲领的规定不予接受时，政府更加紧军事进攻，以期达到政府要求的目的，并扩大其占领。因此政府军队除了攻占中原、苏北、皖北、山东、山西、河北、热河等解放区的一系列地区外，又借口中共之围困大同，声言要发动攻占承德、张垣和延安。果然政府军队旋即攻占承德，并续占平绥路上如集宁、丰镇等重要城市。其实中共对大同的战役，仅是牵制山西阎、胡军队的进攻，属于围困性质，最近更正式宣布撤围，大同的威胁已不存在。但政府军却毫无任何借口的继续扩大对热河和冀东的占领，并且公然发动对张家口的三路大举进攻，形势已很显然，政府不惜以进攻中共解放区的政治中心之一的张家口，迫使国共关系临于最后破裂的境地。

---

① 本辑录编者注：该文选自《新华日报》1946 年 10 月 2 日第二版"本报南京一日专电"，原报道标题为《为国民党军进攻张家口事，中共代表团提备忘录》；又见于《群众》周刊 1946 年第 12 卷第 11 期，第 4 页，题为《中共代表团致蒋主席函》。

恩来等特受命声明：如果政府不立即停止对张家口及其周围的一切军事行动，中共不能不认为政府业已公然宣告全面破裂，并已最后放弃政治解决的方针，因此所造成的一切严重后果，当然全部责任均应由政府方面负之。

专此奉告。敬请

勋安。①

中共代表团

周恩来　董必武　吴玉章　陆定一　邓颖超　李维汉谨启

九月三十日

---

① 本辑录编者注：中共代表周恩来等，9月30日与致马歇尔特使备忘录同样内容，致函政府代表祈转蒋主席一函，政府代表孙科等三日已予答复，原函称："恩来、必武、玉章、剑英、维汉、定一、颖超先生大鉴：接奉九月卅日台端等嘱转陈主席函一件，经已转陈，政府之意见，已由马歇尔元帅转达，想荷台詧，弟等至盼恩来先生即日□驾返京，继续商谈，俾和平团结能早日实现也。此复祗颂勋祺。孙科、吴铁城、邵力子、王世杰、陈立夫、张厉生同启。"参见《新华日报》1946年10月4日第二版转载"中央社南京三日电"《对中共要求停攻张垣事，国方迄无明确答复》。

与陇海路国民党军建立联系①

一九四六年十一月一日

中央：

一、现在国民党驻陇海路沿线及徐州附近之杂牌军队，主要为张岚峰（三四万人）、吴化文（二万人）、孙良诚（差不多二万人）、孙殿英（万多人）及刘汝明、冯治安（各四个师、约七万多人）等部。

二、任公②已与张建立联系，张与吴、孙、孙亦有联系，但刘、冯两部上层可能少，在下级有些工作。

三、张岚峰说我方刘、陈③均派代表来谈过，但因隔阂太多，关系没有弄好。

四、经商定，目前主要是建立我、李、张④三方之联系，他们提议各派一代表，成立三人小组，经常交换意见，并请我派人去张处主持电台，在前线必须作战时作不损失实力的假防止，他们提办理动作时互相配合，在动作后，我方

---

① 本辑录编者注：该文选自《董必武文集（第一卷）》（征求意见本），第376页。《董必武文集（第一卷）》（征求意见本）编者原注："这是周恩来、董必武主持中共南京局时致中共中央的电报。董必武任中共中央南京局地下党工作委员会书记等职。"

② 《董必武文集（第一卷）》（征求意见本）编者原注："任公，即李济深，字任潮，时任中国国民党民主促进会领导人之一，国民党军事参议院院长、军事委员会委员等职。"

③ 《董必武文集（第一卷）》（征求意见本）编者原注："刘、陈，即刘伯承、陈毅。刘伯承，时任晋冀鲁豫军区司令员兼晋冀鲁豫野战军司令员；陈毅，时任新四军军长、山东军区司令员兼政治委员。"

④ 《董必武文集（第一卷）》（征求意见本）编者原注："李、张，即李济深、张岚峰。张岚峰，原为西北军冯玉祥部下，时任国民党保安第三纵队总司令，一九四七年初在鲁西南战役中被俘。"

不派人去他部队,对他原驻地行政不干涉,如受压迫,退出解放区时,不予歧视,粮食弹药应予供给。我们同意并告以高树勋①例子,并声明粮食补给不成问题,惟弹药缺乏,只有在可能时补充,他们对解放区政权也不应干涉。

五、请通知刘、邓、陈、张、邓②加强上述各军工作以取得配合。

六、我方应派高级军事、政治得力干部去工作,我方参加三人小组的代表,京、沪没有适当的人,请电刘、邓、陈、张、张③处选派一得力干部去参加。如经高、郝④路线派出一我方代表,可能接头,派出的人名、经历请先通知为妥。

周 董
戌东⑤

(根据中央档案馆馆存档案刊印)

---

①《董必武文集(第一卷)》(征求意见本)编者原注:"高树勋,原是国民党第十一战区副司令官,一九四五年十月三十日率一个军和一个纵队在邯郸内战前线起义,在全国影响很大。"

②《董必武文集(第一卷)》(征求意见本)编者原注:"刘、邓、陈、张、邓,即刘伯承、邓小平、陈毅、张鼎丞、邓子恢。邓小平时任晋冀鲁豫军区政治委员兼晋冀鲁豫野战军政治委员;张鼎丞,时任华中军区司令员;邓子恢,时任华中军区政治委员。"

③《董必武文集(第一卷)》(征求意见本)编者原注:"张、张,即张云逸、张鼎丞。张云逸,时任华东军区副司令员。"

④《董必武文集(第一卷)》(征求意见本)编者原注:"郝,即郝鹏举。"

⑤《董必武文集(第一卷)》(征求意见本)编者原注:"戌东,即十一月一日。"

周恩来董必武二同志严正致函"联总"署长[①]

一九四六年十一月二十九日

拉加第亚先生阁下：

"联总"、"行总"计划在中国施行一年以来，非但未能实现其所宣称的目标，且已被利用为政治武器，充分暴露了政治歧视、无效率、不公平分配及其他种种腐败现象，违反了"联总"与中国政府所签订基本协定中之决定："在任何时候救济与善后物资不得用为政治武器，救济物资的分配不得因种族、宗教或政治信仰而有所歧视。"

综观一年来"联总"、"行总"中国计划实施之结果，自一九四五年十一月八日开始至今抵达中国之全部一，二八二，〇八九吨救济物资中，百分之九十八以上运至国民党地区，只有不及百分之二运至中国解放区。这些解放区拥有一亿四千万人口，"联总"实施救济计划的受灾区域有一半以上位于这些解放区中。在八年抗日战争中，这些地区中的人民所遭受的灾难和贡献的力量，远较任何其他地区为深为巨。战争在农村和工业方面造成的损失和破坏，需要大量的工农善后、衣着、医药及交通器材装修，特附上具体需要的比例表。

以"联总"各种庞大计划之一的黄河计划来讲，受牵涉的人口和地区绝大部份位于解放区中，然而至今只有极少数量的器材和经费送至此等地区。总之，所有这些说明了尽管有某些"联总"、"行总"人员的个人努力，数达二六，〇〇〇，〇〇〇的灾民实际上未获救济。常常被重复的所谓"运输困难"的理由，只不过是国民党政府用以掩饰其封锁政策的一种借口。运输的问题是能

[①] 本辑录编者注：该文选自《新华日报》1946年12月11日第二版"南京航讯"；又见于《群众》周刊1946年第13卷第9期，第14页，题为《致联总署长拉瓜地亚先生备忘录》。

够解决的,将救济物资用做政治武器的现象必须克服。

鉴于行总无力在解放区进行公平分配,并根据上述各种事实,我们要求"联总"应在共同协议下,直接与中国解放区救济总会合作并协助,观察解放区内的救济工作。只有建立这种直接的关系和组织,才能保证此等急需救济区域得到救济。

组织建立后,进一步应将抵华"联总"物资未分配之部分根据需要为中国解放区拨出合理部份,并交由中国解放区救济总会分配。此外,"联总"中国计划预算项下未起运之物资,应以物资形式为中国解放区拨出合理部份,并交由中国解放区救济总会分配会同"联总"分配之。据悉,"联总"理事会将于十二月十日在华盛顿召开会议,决定"联总"中国计划中之剩余部份。我们敦促会议上应对此备忘录中所提诸建议,立即付诸实施。抗日战争中解放区所受损失最大,而"联总"、"行总"计划中对该区又最为忽视,因之中国解放区有充分理由提出应由所有未动用之救济物资中拨出大部分交给中国解放区。为确定交给中国解放区物资之确实价值与数量,应立即由"联总"与"解总"双方代表举行会议,商定需要救济之明确计划。

解放区救济总会将依照"联总"规定的原则进行分配,并给予"联总"在协同工作,及进行视察方面以一切便利。

为了实行上面的建议,以完成"联总"规定在中国所必需的救济与善后工作,我们要求"解总"应派代表参加十二月十日"联总"理事会在华盛顿召开之会议。此代表未到前,应准许"解总"在美国就地指定一名观察员出席该会。

这些提议是经过慎重考虑,并审查"联总"、"行总"一年来之工作结果后方始提出的,目的在于使得广大遭受战祸的地区得以恢复,数千万中国人民得到救济,这是我们大家的共同责任。

中共代表团首席代表　周恩来(签名)
中国解放区救济总会主席　董必武(签名)
一九四六年十一月二十九日于延安

"联总"未应"解总"正当要求
中共再致"联总"署长函[①]

一九四六年十二月十三日

罗克斯将军：

十二月十九日[②]来电收悉，彼似未能充分认识中国善后救济工作中所存在的很严重的政治歧视与不公平的事实，此种事实即"联总"中国分署亦所公认。且彼不愿将我们提出的问题交理事会讨论，本身即系一歧视与不公平，我们深为遗憾。我们特重复请求，将我们的提案交理事会讨论，这是解决严重的中国救济问题的唯一满意的方法。

周恩来 董必武
十二月十三日

[①] 本辑录编者注：该文选自《新华日报》1946年12月16日第二版"上海十五日航讯"，原报道标题为《联总未应解总正当要求，中共再函联总署长——致联总署长函》。

[②] 本辑录编者注：《新华日报》原文此处日期有误。据下文《联总未应解总正当要求中共致联总理事会函》，应为"十二月九日"。

"联总"未应"解总"正当要求
中共致"联总"理事会函[①]

一九四六年十二月十三日

罗克斯将军于十二日九日复电,拒绝考虑我方十二月四日致拉加第亚署长的提议,并拒绝将此提议提交理事会讨论,吾人至为遗憾,中国善救工作之严重缺点,如"联总"中国分署三百人员申诉书所提者,即贪污腐化、利用物资为政治武器、不公平分配等迄未见改善,而尤未能遵守"联总"理事会物资分配政治上不予歧视之原则。"解总"在上海"行总"虽驻有联络代表,但因毫无权利,致无法改善工作。理事会议又为最后一届会议,而运华善后物资要到明年八月才能运完,更应考虑此对于中国善救工作至关重大的问题,不考虑我方请求,这件事势令人怀疑"联总"本身对政治上不歧视之原则亦未尊重。因此,我们仍坚请理事会讨论吾人的提议。

周恩来　董必武

十二月十三日

[①] 本辑录编者注:该文选自《新华日报》1946年12月16日第二版"上海十五日航讯",原报道标题为《联总未应解总正当要求,中共再函联总署长——致联总理事会函》。联总理事会主席考夫曼函复周恩来董必武称:"艾格顿将军转周恩来将军董必武先生:阁下十二月十三日来电,业经收悉,并转致第六次理事会之联总及行总代表团矣,各事并密切注意中。联总第六次理事会主席考夫曼"。参见《新华日报》1946年12月24日第二版"本报南京二十三日专电"《联总理事会主席考夫曼函复周恩来董必武》。

"联总"、"行总"在烟台独断独行①

一九四七年一月二十一日

延②转临沂张、黎③并转烟台李澄之：

"联、行总"在烟台人多而且杂乱，遇事很少与我方商量，独断独行。如去年与"行总"谈判机构问题，是组织三方面的混合办事处，由"行总"代表任主任，"联总"及"解总"代表任副主任，具体业务由当地救济机构执行，"联总"不另立业务机构，淮阴及菏泽办事处均是这样组织，也与王师亮当面谈过。王曾自己提出，在全山东"行总"工作人员不超过二十五人，今在烟台设立"行总"独立办事处，实与沪之双方谅解不合。我们正在沪谈判整个物资分配比率及组织机构问题，详情将由沪方派员至烟面谈。目前应斟酌实际情形再去商量，办事处应限制其人员。以后，凡外来救济人员如无此间介绍，请勿予承认。

委 任④

子马⑤

（根据中央档案馆馆存档案刊印）

---

①本辑录编者注：该文选自《董必武文集（第一卷）》（征求意见本），第392页。

②《董必武文集（第一卷）》（征求意见本）编者原注："延，即延安，指中共中央。"

③《董必武文集（第一卷）》（征求意见本）编者原注："张黎，即张鼎丞、黎玉。张时任华中军区司令员、中共中央华东局常委兼组织部长等职；黎时任中共中央山东分局代理书记、华东局第二副书记、山东野战军政治委员、华东军区副政委等职。"

④本辑录编者注：原文此处"委任"为"委伍"之误排。《董必武文集（第一卷）》（征求意见本）编者原注："委伍，即董必武和伍云甫。"

⑤《董必武文集（第一卷）》（征求意见本）编者原注："子马，即一月二十一日。"

中共代表董必武及京沪两地中共代表团办事处及《新华日报》社全体人员启事[①]

一九四七年三月七日

敬启者，自去年十一月中旬和谈断绝，中共代表团不得已返延之后，虽战火日炽，环境益艰，必武仍滞留京、沪，欲与政府方面维持不绝如缕之联系，为觅致和平谈判较便之基础，不意上月二十八日，京、沪地方军警当局，竟强迫必武及中共代表团办事处及《新华日报》全体人员于三月五日撤退，否则不负保障安全责任（渝军警当局于二月二十七日亦有同样文件通知重庆中共代表吴玉章及《新华日报》）。渝沪两地中共办事处及报馆工作人员，且在行前完全失去自由者数日。政府当局既不惜最后决裂关死和谈之门，必武等惟有撤退一途。

当此小别前夕，回念各方友好，过去热烈支持，近日殷勤慰问，必武等衷心铭感，誓在和平民主前线殚精竭力以图报答。唯因行前时间匆促，行动不便，未能一一走辞，敬请曲予鉴宥。当此世界趋向和平，国人厌战已极之际，必武等虽与各方友好暂时暌隔，再见之期，当不在远。

再者，京、沪、渝、蓉、昆各地中共及《新华日报》馆所有自置财产及承购房

[①] 本辑录编者注：该文选自《董必武文集（第一卷）》（征求意见本），第407页。《董必武文集（第一卷）》（征求意见本）第408页文末有"根据一九四七年三月八日《大公报》刊印"的字样。但经查，1947年3月8日的《大公报》没有刊载此文，疑《董必武文集（第一卷）》（征求意见本）此处的标示有误。

产,已商得友党民主同盟同意,代为保管。至各项未了事务,亦商请各地民盟机关代为清理。

特此声明,敬希垂察。

三月七日

(根据一九四七年三月八日《大公报》刊印)